世界著名思想家通信集译丛　丛书主编　张一兵

海德格尔与布洛赫曼通信集

〔德〕约阿希姆·W.斯托克 编

李乾坤 李逸超 译 周芝雨 校译

Martin Heidegger/Elisabeth Blochmann.
Briefwechsel. 1918-1969

南京大学出版社

目录

001　马丁·海德格尔与伊丽莎白·布洛赫曼通信集

243　爱尔福丽德·海德格尔：关于马丁·海德格尔致伊丽莎白·布洛赫曼教授女士的信

247　伊丽莎白·布洛赫曼年谱1892—1972

253　编者后记

260　译者后记

马丁·海德格尔与伊丽莎白·布洛赫曼通信集

1

马丁·海德格尔致伊丽莎白·布洛赫曼

1918年6月15日,弗莱堡

亲爱的莉茜小姐:

我们衷心地感谢您的来信。我们也真切地希望能够有机会更长地相处一段时间。

我们的精神生活应重新变得真正真实(wahrhaft wirkliches)——精神生活必须获得从个人中生发出的力量,这个力量"颠覆"并且催生真正的反抗——这种力量仅在纯朴(Schlichtheit)之中真正显现出自身,而非在自命不凡、颓废堕落、被逼无奈的人之中。我们的大学已经丢失了这种精神存在和精神生活的简单的、平静的传统——任何"看到"了这一点的人并不会对这些从事学术的青年们内心的无助感到惊讶,他们同样在针对"大学本质"的纲领性的改革建议和理论之中见到了一种虚弱的迷茫。

精神生活只能够被亲身示范(vorgelebt)和塑造(gestaltet),这样那些应该参与其中的人就直接地在他们最本己的实存中为它所触动。对精神的真实性、义务感和履行的意愿的重视,作为排除了理论与说教的辅助和媒介而被培养形成的内心成长的结晶,顽强而持久地唤起自身。

因为精神只是作为生活是真实的,所以活生生的为彼此之存在(Für-einander-sein)就能够产生这种奇迹。但是精神却向那最本己的个体性(Eigensten Persönlichkeit)和它的价值实现的实存者提出了很高的要求,要求它具有最内在的活力和自身之中的被奠基性。在对本己规定的自身价值的信仰真实地生活着的地方，一个偶然环境（zufälligen Umgebung）的一切无价值之物都将自内而外地、永远地被克服。一切劳绩都能够获得在真正的意义上的决定性特征，也就是说，在对核心之我的归属意义上以及在它指向上帝之对目标的追求意义上。

在一种带有内在、真实性的个体性生活处在通向变得完满的路上的时候——我们在本质上是在途中的（wir sind doch wesenhaft unterwegs）——它必然具有分裂状态的、倒退和重新上路的苦涩（die Herbheit des Gespaltenseins）以及有问题的和值得怀疑之物所带来的无法解决的折磨——这些都是真正科学的、精神的人的伦理的本质部分。假使我未曾确信，您在您的规定之中重视由这种精神所带来的触动，我也不会斗胆在今天写信给你，并在日后保持着精神上的交流。请您始终保持坚强和快乐。

您的

马丁·海德格尔

请见背面一页！

格特鲁德·蒙多夫①的地址：

拉恩河畔马堡，大学路 42 号

------

① 格特鲁德·蒙多夫（Gertrud Mondorf）：爱尔福丽德·佩特里（1893 年 7 月 3 日出生于萨克森的莱兴，1917 年 3 月 21 日嫁给海德格尔，改姓爱尔福丽德·海德格尔）的大学朋友，在 1916 年夏季学期和 1916—1917 年冬季学期听过还是青年编外讲师的海德格尔的演讲课。

2

马丁·海德格尔致伊丽莎白·布洛赫曼

[战地明信片]①

1918年7月20日,夏洛特堡②

亲爱的布洛赫曼小姐:

现在我们都已明了,对此我很高兴。但是您现在不应认为,您可以马上下笔去写了,而应该在你真正有了兴致时,或者,在我可以帮助您的时候再动笔。在第一封信里我之所以如此无礼地表现出不耐烦,是因为我发现,您在通信中依然表现出对"百灵街"③的兴趣。我有很多的工作要做,并深陷于对数学和物理公式的观察中。

但是很快您就可以从我这里获悉更多的东西了。我期待一个平静、令人得到休息和恢复并富有成果的假期,这个假期几乎比匆匆碌碌的一学期更应该有意义地被规划。

衷心问候您

马丁·海德格尔

---

① [战地明信片]:海德格尔在印好的发件人信息表上填写着:服役类别:飞艇操作员;姓名:海德格尔;特别编队:国家气象监测站总部/夏洛特堡,德劳森街6号。

② 夏洛特堡(Charlottenburg):海德格尔自1918年7月2日于(柏林)夏洛特堡的国家气象监测站总部接受测量训练。

③ 1918年,年轻的海德格尔夫妇搬到了弗莱堡海尔登区百灵街8号。

3

马丁·海德格尔致伊丽莎白·布洛赫曼

1918年10月2日,战地

亲爱的莉茜小姐:

新学期好——现在您可以无拘无束、没有任何烦恼,丢掉考试后的忧虑①奔向精神的完满。您如何自己保持内心的自由和愉悦,精神也就如何攫住你。只有您借助大学的资源与宝贵的触动给自己构建出的那些知识上和生活上的财富,才会持久地对您个人的存在(Dasein)产生影响。

您直接地从属于我们的圈子,这应该加强您的这样一种意识,即要身处一个平静的也是刚刚开始的精神生命运动中心——您还须从中获得不受任何拘束的交谈和排除掉一切传统局限与繁冗的决心。——我既赞同谨慎地表达意见也尤其欣赏浮躁地提出计划尔后厌恶地退却——但是在我们这里这并不适用——向志同道合的朋友表达出我们在最最内在的真实之中活跃而急迫地体验到的东西,这应该成为我们这里的义务。那封发自弗盖森地区的信②或许就已经相当棒了,它完全出自面对一个问题的解脱与热情,其中所有细微的启发和闪光的观点还在持续震颤。

我希求您将已经耽搁掉的事情补回来,并且一定不要再错过

---

① 伊丽莎白·布洛赫曼1918年9月于魏玛参加了一门希腊语和拉丁语的补充考试。

② 伊丽莎白·布洛赫曼在1916—1917年的冬季学期,1917—1918年的冬季学期和1918年的夏季学期于施特拉斯堡大学读书。

这样的时间了——它们对于澄清先前不清晰的预想和猜测具有独到的价值。您应该清楚我对您个人精神生活与命运的充分关心。——对我自己来讲,这种在催人奋进的生命之流中的伴随作为给予和获取的机会是充满价值的。

在我听说了您在弗莱堡的状况之后,我想,尊重科学精神的原则和对浅尝辄止的外行作风的警告已经不需要再向你提出了。请您快些写信告诉我您自己的目标和已经计划好的道路。

一个假期的问候是多么能够使人打起精神来啊——在对那几周时光的回忆中以及现在在凡尔登前的一个凶吉未卜的拐点上,我又体会到了那些光彩熠熠的生活。但尽管如此我却情况很好——八月末我去了前线①——在柏林还有很多的工作——我去的时候人力补给十分短缺,离开时感到非常高兴。——但是我还没有收拢我的内心——在前一段空闲的时间里我还在皇家图书馆里愉快地工作。去往前线的旅程非常美好。关于这里简陋的生活,我将会在下封信里和您详谈。我偶尔还会去工作并感觉到内心非常地豁朗清澈,这主要也是因为我现在知道爱尔福丽德不再有学校里的负担了——脱离我们原来的环境,缺乏不断提出要求并实现价值的紧密的私人关系,所有这些都是我们作出的牺牲。——它们也在令人惊异地净化着,并将这笔灵魂和精神的财富提升。我时常想念您和挂念您的前途,在这里我也已经问过了爱尔福丽德是否有比较可靠的地址。现在,再一次对你的考试表示衷心的祝愿!愿您带着信赖和对于精神的平静的谦卑、带着生机勃勃的冒险精神和对于个人生活与社会工作的财富(Güter)的

---

① 马丁·海德格尔作为414号前线气象观测站的成员在柏林夏洛特堡接受了几周的培训之后被派往西线。1918年11月他被允许回到弗莱堡。

卓越的开放态度迈入您在马堡的第一个学期①。

衷心地问候您,马丁·海德格尔

---

① 1918年深秋,伊丽莎白·布洛赫曼转到马堡大学读书。在耶拿经过了一个中间学期(1919年1月—3月"战时特殊学期")之后,在1919年的夏季学期她又回到了马堡。1919—1920年的冬季学期她到了哥廷根大学,她1922年在那里通过了高等学校教学资格的国家考试,并于1923年开始攻读博士学位。

4

马丁·海德格尔致伊丽莎白·布洛赫曼

1918年11月6日,战地

亲爱的莉茜小姐:

衷心地感谢您文笔清晰的、优美的来信——我从中已经得知,您已经拥有了今天作为精神人的我们加倍需要的灵魂上的沉着。我给你写这片明信片,权当是一个收到来信的确认——一旦我有了时间,平静和安全的时候,我将详细地给您回复一封信。我们当前也处于运动之中并且每天都经历着世事沉浮——无人知晓前方还有什么在等着我们——但是对于精神和它的力量我却有着坚定的信念——生活于精神之中、为精神而生活的人永远不会作绝望的挣扎——为了你现在交代给我的那些美好的计划,您的内心尚需变得完全成熟,直到您能够挥洒自如。您对施莱尔马赫的感觉完全正确①——我坚信,他的个性只有女性才能完全、直接地把握住。关于这点,我将在下一封信中详细地和您讨论。而今天请您原谅这封信迫于战争环境而如此简短——

衷心地问候您,马丁·海德格尔。

---

① 伊丽莎白·布洛赫曼当时打算围绕新教神学和浪漫主义哲学家弗里德里希·施莱尔马赫(Friedrich Schleiermacher, 1768—1834)为题做博士论文。马丁·海德格尔已经在1917年深入地研究过这个论题了,并且写下了《施莱尔马赫的宗教问题》一文,参见《遮蔽的程度——纪念海因里希·奥克斯纳》。库特·奥克瓦德和埃尔文·泰克仑堡编,汉诺威,1981年,第92页。

5

马丁·海德格尔致伊丽莎白·布洛赫曼

1918年11月7日，战地

亲爱的莉茜小姐：

您来信再一次充满价值地加强并印证了我对从事学术事业的年轻一辈的信任。女性的学术存在，或者确切地讲，"精神的"实存（geistige Existenz）对于我来讲从来都不是一个不可能的问题。但是不久我也清楚地发现，探讨理论的研究并不会产生很多的成果，只有最为个体的体验能带来明确的东西——在新团体中既有付出又有收获地参与活动——值得注意的是这样的经历，当富有思想的女性真正地寻求某种意义的时候，她们的特征就会尤其强烈地表现出来。同格特鲁德·蒙多夫相比，您对女性与众不同之处的感觉是完全正确的——她们大概生活得更加封闭，在更大的程度上也更频繁地依靠感觉。只要您拥有对于思想的信仰，那么您对科学表达看法是无可指摘的。在您的"表白"之中也展示出了思想在您那里发挥出了作用——您所寻找的东西在您自身之中就能够找到，宗教的原初经历里有一条路通向神学，但这条路绝不是从神学中导向宗教意识和这种意识生命力。宗教意识在您那里以何种形态和怎样的程度发挥着作用，我还不清楚——但是确定的是，这种意识给予了您一种强烈的宗教的基本态度——也许在某种程度上是无意识的——个人生活的完满，这从您的来信中可以看出来。

有鉴于此，哪怕您只是在科学之中又找到了一个重点，我也对您的博士论文计划抱有相当的期待。

我已经说过了，施莱尔马赫必须用心才能够把握，正如在他一生之中女性能够最深、最直接地理解和评价他一样，今天，女性也将能够为廓清他的本质作出决定性贡献。从另一个方面讲，施莱尔马赫的生活、研究和影响对于一种秘密的和无声的支持来讲也是一份鲜活的资料，而这种支持归功于他与他社交圈中的女性的交往。您一开始就要避免按照这样一种模式提交您的论文：该论文以施莱尔马赫的政治观点的引文和观点所构成。施帕恩的计划①是要一个接一个地对浪漫主义诗人进行一个程式化的全面研究，我相信可以作出这样的猜测，这个计划源自于同芬克的讨论，芬克自己在忙于对施莱格尔的胡乱研究②并且他对于哲学家一直都抱着蔑视的态度。然而这些浪漫主义者们也都是杰出的哲学家。您必须带着内心的自信去熟悉这项工作——看起来您已经有了一个规划了——我建议您首先除了狄尔泰的天才般的处女作（das geniale Erstlingswerk）③《施莱尔马赫的一生》(871页)以外不要读任何其他文献。可惜的是这还停留在第一卷之上，没有刊印的接下来几卷应该会在战争结束以后在《狄尔泰全集》④中发表。

---

① 马丁·施帕恩(Martin Spahn)，1875年3月7日生于马琳堡，1945年5月12日逝于阿特湖畔的泽瓦尔登，历史学家，1898年于柏林担任编外讲师，1901年在波恩大学担任副教授，分别于1901年在斯特拉斯堡大学，1920年于科隆大学担任正教授。正是受他的影响伊丽莎白·布洛赫曼开始做她的博士论文计划。

② 海因里希·芬克(Heinrich Finke)，1855年6月13日出生于威斯特法伦的克莱西汀，1938年12月19日逝于弗莱堡，天主教历史学家，在明斯特任教授，自1899年起任职于弗莱堡。在海德格尔青年的天主教时期，作为有影响的枢机主教资助过海德格尔。他在当时就施莱格尔发表了《写给弗雷德里希·施莱尔马赫的信》，科隆，1917年；《论弗雷德里希和·施莱格尔》，科隆，1918年；《弗雷德里希同多洛蒂·施莱格尔1818—1820年通信集》，慕尼黑凯普顿出版社，1923年。

③ 威廉·狄尔泰：《施莱尔马赫的一生》，(仅)第一卷，柏林，1870年。

④ 威廉·狄尔泰：《狄尔泰全集》，九卷，柏林，1921—1934年。

除了信件①(可供使用的有:由尤纳斯和狄尔泰编辑的书信集中施莱尔马赫的生平)以外您首先掌握他青年时期的文章②从而设身处地地进行体会(圣诞庆典的独白——关于宗教的演说)。您在马堡定将能够利用某些精选的施莱尔马赫的文献。除了这些"技术性"的建议以外,关于实质性的东西,尤其还有那些更大的联系(die größere Zusammenhänge),对此我自觉在大体上已经较为熟悉,在我自己重新恢复了为之而必要的内心的专注和精神的灵敏之时再写信给您。

有大量的博士论文是关于施莱尔马赫的,但是只有很少一部分是有用的——这些"文献"在您的论文即将完成做最后修订的时候可以看一看。维隆③,我想他现在应该在斯特拉斯堡,他写了一篇关于施莱尔马赫历史哲学的非常不错的论文(与此一类的还有穆莱尔特④)。最好的论文我们还要归于在战争开始时就很可惜地阵亡了的图宾根大学的神学编外讲师苏思钦德⑤。——您可以放心地把这些问题托付给我——但是我暂时想要将这些"材料"留在手里以避免您按照历史学的博士论文的作者们的方式,将文献的摘录和编排当做主要目标和"科学的任务"。决定性的东西是主题、内容和对问题的鲜活感受(Eintscheidend sind Sinn, Gehalt u. lebendiges Problemempfinden)。

---

① 《选自〈施莱尔马赫的一生〉:信件部分》,L·约纳斯和W·狄尔泰 编,四卷,柏林,1858—1863年。
② 《独白》,1800年;《圣诞庆典》,1806年;《论宗教——致蔑视宗教者中的知识分子的演讲》,1799年。
③ 格奥尔格·维隆:《施莱尔马赫的辩证法》,图宾根,1920年。
④ 赫尔曼·穆莱尔特:《施莱尔马赫》,图宾根,1918年。
⑤ 赫尔曼·苏思钦德:《施莱尔马赫的基督教信仰和历史》,图宾根,1911年。

您完全猜对了，我现在因工作原因出门在外，之后直到战争结束就不再会这样了。我已经在一节一小时的公开讲座上宣布了1919年夏季学期的内容：关于大学和学术研究的本质①。此外研讨课的练习内容是：范畴问题。这些肯定会结束的，这种结束是我们唯一的拯救。生活在结束后生活将会怎样发展，尚不确定——可以确定和不可动摇的是对于那些真正有思想的人们的要求，他们现在恰恰不应偃旗息鼓，而应发挥坚定的领导作用，并培养大众使之具备真诚和对存在的真正财富的价值判断。对于我来说生活事实上是一种乐趣——即使将会有一些外在的匮乏和一些放弃发生——，只有内心贫乏的唯美主义者和那些"有思想"的人们至今为止只是在玩弄思想，就像其他人玩弄金钱和娱乐一样，这些人都将会在今天崩溃掉，并将陷入不知所措的绝望——从这些人那里也基本不能指望得到任何帮助或富有价值的指示。关于这些原则性的问题我将在另一封信中具体谈。

祝愿您的内心可以成熟起来并且带着全部的灵魂的欢愉去体验那些属于真正的精神的东西。

您的马丁·海德格尔

---

① 这部分现收于《海德格尔全集》第56/57卷《论哲学的使命》，由伯恩特·海姆布赫编辑。附录。

6

马丁·海德格尔致伊丽莎白·布洛赫曼

1919年1月14日,弗莱堡

亲爱的莉茜小姐:

刚刚我在图书馆里四处翻寻时,发现了这样一篇小文:《施莱尔马赫关于民族和民族国家的观念》,作者是神学博士 H·罗伊特,这篇文章大约有70页［刊于《神学研究与批判》特刊1918年第四期,尤斯图斯·佩尔特斯出版社］。如同后记所言,这位年轻的作者即将获得大学执教资格——但是他却死于流感。这篇文章就内容来讲我还了解不多,因为我在同胡塞尔紧张地工作和准备我用于2月4日开始的中间学期的讲座"哲学的观念和世界观问题"①之外没有太多的时间了。起初我公布要讲的是"康德"专题,但是我后来决定讲一个其他的主题,因为如果讲康德的话,就只不过是对着哲学史照本宣科罢了。——关于施莱尔马赫我们还可以再加以讨论。您是否已经收到了我去年十一月初在战地上写的信?格特鲁德·蒙多夫将要在中间学期来这里。希望我们亲爱的祖国的荒唐的境况没有夺去您内在的平静和对于精神的信任。现在可以不受打扰地将全部身心投入到工作之中,对此我感到很幸福。爱尔福丽德现在也很好——我们夫妻俩都对大概在下一周就将降临这个世界的小精灵②感到无比期待。在下一次,狄尔泰写的

---

① 1919年战时特别学期的讲课,现收于《海德格尔全集》第56/57卷,美因河畔的法兰克福,1987年,第一部分。

② 1919年1月海德格尔的儿子约格出生。

施莱尔马赫传记(由穆莱尔特编辑)的两卷遗稿①也将出版。关于这本书的文章现在宿舍里。见1918年11月的月刊。我希望您能够保持灵魂的和谐,正如从上封来信的字里行间显示出来的那样。

致以我们两人衷心的问候。
您的马丁·海德格尔

---

① 威廉·狄尔泰:《施莱尔马赫的一生》第二版,赫尔曼·穆莱尔特编辑,柏林,1922年。

7

马丁·海德格尔致伊丽莎白·布洛赫曼

[明信片]

1919年1月24日，弗莱堡

亲爱的莉茜小姐：

衷心感谢您的来信。如果您能够来这里的话，我会非常地高兴。随信附上一份讲演课的总目录——那些练习您肯定是可以参加的——要是遇到了不得已的情况的话我会尽力为您解决。我还不知道是否要为了您能有一个合适的学期而出谋划策。出于考试的需要您下个学期最好还是留在马堡，最重要的是您不要再有中断了。如果在此之后到了夏天您还能够到这里待上一段时日的话，那将会是一件乐事。

我将会为您在中间学期中寻找精神的价值，您能够与精神性的东西结下更深的缘分并能够更加确定地获得精神性此在的表征。除了讲演课和练习以外，如果还有需要我帮助的地方，我会非常乐意效劳。这里的一切都可供您为了您的其他工作而利用——这样，相比与您在其他某个地度过这个假期，您一定可以在这个中间学期里获得更多的收益。

爱尔福丽德和小约格现在母子安康，我们生活在无比的快乐之中。

您到来以后，这几周一定会是非常美好的。

致以衷心的问候

您的马丁·海德格尔

一并致以爱尔福丽德的衷心问候

8

马丁·海德格尔致伊丽莎白·布洛赫曼

1919年5月1日,弗莱堡

亲爱的莉茜小姐:

我刚从康斯坦茨回来,就收到您的那封美好的来信了。为此向您致以衷心的感谢。

尽管您提及了如此多的内容,以至于我几乎不能够做到详尽的回答,而我也不想在信中玩问答的游戏。对我来讲最具价值的是,我感到您保持着活力并且拥有了真正的 élan vital。①

我有时会为无法提笔写信感到遗憾,特别是当我了解到,您在耶拿还有颇多需求得不到满足。而现在我很高兴,您已经挺过去了,并且在心有所感时给我写信。

当人们持这样的观点,并要求他们必须以同样宽广、响亮的幅度震颤,仿佛他们在天赐的瞬间涌现,这就是对于人生命之流本质的理性主义的误解。这种要求来源于缺乏面对一切生命的奥秘和天赐秉性的谦卑。我们必须能够等待饱含意蕴的生命的高度紧张的强度——而且我们必须和这些瞬间一起处于无尽的绵延之中——并非是要尽情享受这种绵延——而更多的是将之融入生命——在生命的前行中,将它纳入、囊括进所有未来生命的律

---

① **Élan vital**(法语,意为"生命冲动")是由法国哲学家亨利·柏格森1907年在他的著作《创造进化论》中提出的概念,用于指称由进化和生物的生命过程支撑着的创造着的生命力,这种力量可以使个体的和种的形式构造和差异显示出来。亨利·柏格森:《创造进化论》,1907年,第59页至第64页。——译者注

动里。

而在我们直接地感受到自身和鲜活地归属着的方向的时刻，我们就不应将这明确拥有之物（Klargehabte）仅仅作为其自身而察觉，简单地记录下来——仿佛它如同一个客体那样摆在我们的面前——相反，当理解着的自我拥有（das verstehende Sichselbstsein）真正地被体验过，也即，同时也是一个存在（Sein）的时候，这种理解着的自我拥有才是真实的。

在此我指的不是那种陈词滥调，即人们必须遵循他们所了解之物（Erkannte），而是说，在一个激烈的生命之中，对自我的（非理论性的）而又完全经验性的指向性的理解同时也是一种伴随着敲击的进入——一种新的激荡传遍并进入每一个生命活动。

我想您同科学工作清晰的密切关系就是这样——出自您个人存在的全部真实——没有勉强的理想化——而是伴随着女性灵魂无拘的释放。

在生命仅仅为了抑制和排除臆想的干扰而精疲力竭且反思（Reflexion）过强地将所有一切都覆盖了的时候，在丧失了对内心使命的信任的时候，生命的真实性也很容易丧失，并由此丧失掉那种生命之流的基础力量。

如果在您那里宗教的生活世界不仅渴望作为一个一同被给予的生活世界而显露——它在您的经历的周围也会呈现出来——而且力图作为原本就是个人的生活世界而显露，那么您就应该更加仔细地聆听自己——去掌握那种直觉的"区分天赋"（Unterscheidungsgabe），这种天赋可以判断什么属于您和您的成绩，而什么不属于——后者就是那些对于自相矛盾的可能（Sichabstoßenkönnen）不无价值，而现在已不再属于本来的自我的东西。

我们想要的或者决意要进入我们之中的新生活，已经放弃了成为普遍存在即非真实的、平面化（浮于一表面[ober-flächig]）的存在——它所拥有的（Besitztum）是原初性——不是伪装—构建（Erkünstelte-Konstruktive）之物，而是全部直觉的明见者（Evidente）。

完全从我个人的角度出发，我是完全拒斥业余大学①的，如果这两个世界——一边是学术研究和讲授，另一边是普通的分等级的教育事业——不是从一开始就被完全分开的话。研究者首先不应该被要求介入到业余大学的课程中——在没有强迫的地方，真正的研究者就会自动地远离它。但是学术的半存在（Halbexistenzen），那些大批的平庸的手艺人，他们中的一些人给研究带来了好处，另一些人同时是出色的教师和领班，人们不应该把它们向下生拉硬拽到业余大学这一级别上，或者确切讲，不应该给予他们进一步的机会，让他们完全沉沦、扩大"活计"。——所有这一切都不应该被理解为，人们在业余大学之中只是提供劣等的东西，而是说，业余大学在质上是不同的——它对它的老师和"学徒"来说偏向于一种和学术院校以及大学完全不同的生活的基本态度。

业余大学教师的类型必须首先被确定——大学讲师和高中教师都难以胜任此职——然而公立中小学校的老师也难堪此任——

---

① 在一战结束后，教育家赫尔曼·诺尔（Hermann Nohl）和威廉·弗利特纳（Wilhelm Flitner）等开始致力于推广业余大学，这一情况可以参见泰奥多·威廉（Theodor Wilhelm）："业余大学的理念自1919年开始推广，并将整个民族最清醒和最深思熟虑的圈子凝聚在了一起。这个理念就如一个耀眼的标志，反映了在那十年里试图通过教育理念的清醒化来求得民族政治和社会转型的希望。业余大学在德国的创建并非在格隆特维希（Grundtvig，丹麦教育家）教育理念鼓舞之下的行动，而是体现了市民文化崩溃之后，为真正的'国民教育'寻找新的根基的富有责任感的努力。"收于《当代教育学》，斯图加特，1959年，第97页。

意图提高他们的层次,并通过在他们面前持续地摆上"更高层次"教育这一未成熟的果实作为诱饵来引导他们脱离原先极其简单而健康自然的世界,这恐怕是极端错误的——就如同教唆高中老师掌握一种新的偷梁换柱的形式一样荒唐。

绝不可这样以为,似乎在业余大学中所提供的东西一定就是"掺水"的——相反,业余大学有它自己独有的特征,有它自己的界限和广度,这些界限和广度只由那些胜任此职的人来设定和创制——这种类型的教职必须从原初的精神生活中生发出来——这反过来又是新生活的一个事务。变得成熟(Reif-werden)和成熟(Reif-sein)在这里也是决定性的——单纯的创立和引进带来的都是理性主义的和经济的粗暴,我们古老的、部分延续至今的生活方式仍然饱受这种粗暴之苦。——我非常欣赏作为一个神学家的魏纳尔①,他在学术界内部的影响无可置疑。在巴登也有若干业余大学在筹办之中——在我们这些大学里,在海德堡和弗莱堡,都有为此工作的委员会。我拒绝参与这项工作——在我们自己的这边就已经足够让我忙活的了,并且还要通过积极的工作来让这所大学不至于在精神上太过脏乱。

我自己的工作非常集中,原则上准确地讲,包括:现象学方法论的基本问题②;摆脱一知半解的立场的残余——不断地向真正的

---

① 海因里希·魏纳尔(Heinrich Weinel),1874 年 4 月 29 日生于黑森州的冯豪森,1936 年 9 月 26 日卒于耶拿。新教神学家,1904 年起于耶拿大学担任《新约》教授,1925 年起任系统神学教授。1920 年到 1927 年间编写了《业余大学的起源》。

② 1919 年夏季学期海德格尔在开设"论大学与学术研究的本质"这个讲座的同时还开了一门关于"现象学与先验价值哲学"的课程(现收于:《海德格尔全集》第 56/57 卷,1987,2);1919 年至 1920 年冬学期他讨论了"现象学基本问题"《海德格尔全集》第 58 卷,1989)。

本源推进；为宗教意识现象学①做预先准备——为深入的、高品质的学术产出做好有力的准备，在和胡塞尔②的合作中不断学习。我的生活是平静的，也是富足的。在和爱尔福丽德和"小农夫"一起，我感到一种美好的亲密无间。我在友谊中能够给予和获取，对我自身来说，就是生命的一种提升。

我想要为您的开学略尽绵薄——因此我没有在这里把所有的问题都涉及。

愿上帝赐福给我们的工作，并向您致以真挚的问候。

您的马丁·海德格尔

［1919年夏到1926年夏之间的通信遗失］

---

① 1920年至1921年冬季学期海德格尔预告开设讲座"宗教现象学导论"（手稿未得）。关于1927年7月9日的图宾根演讲"现象学与神学"，参见第18封信的注释。

② 埃德蒙德·胡塞尔（1859年4月8日生于麦伦地区的普罗斯尼茨，1938年4月27日卒于布莱斯高的弗莱堡），哲学家，现象学方法的奠基人。1887年至1901年在哈勒任编外讲师，1906年在哥廷根任教授；1916年作为R.李凯尔特（1863—1936）的继任者来到弗莱堡；1919年他为海德格尔申请一份计划内的助理岗位并立即得到批准。

9

马丁·海德格尔致伊丽莎白·布洛赫曼
［风景明信片·托特瑙山的农舍］

托特瑙山①,1926年9月16日

发自内心地怀念那段美好的日子②,并致以最衷心的问候

您的
马丁·海德格尔

---

① 南部高地黑森林中的村落。爱尔福丽德·海德格尔曾于1922年夏天在这里为马丁·海德格尔搭起了一座适于独处的"小木屋",从此这里便成了这位思想家喜爱的假期逗留之地。

② 1926年夏天,布洛赫曼第一次在托特瑙山拜会了海德格尔夫妇。关于"第一次在小木屋的逗留",第10和11封信会谈到的。

10

马丁·海德格尔致伊丽莎白·布洛赫曼

托特瑙山,1926年10月7日

尊敬的、亲爱的朋友：

这只"猫头鹰"就坐在我的墨水瓶后面,并用它那双沉思的眼睛注视着我的文稿。黑格尔曾在某处说过,密涅瓦的猫头鹰,只有在黄昏时才会起飞。一切积极的东西都超拔白虚无的黑暗(Dunkel des Nichts)。而在我的文稿中已经有足够的黑暗了。至于这只猫头鹰是否也已展翅翱翔,我自己永远也不想决定。

同时我也以这只沉思的鸟儿做一个提醒,不要把猫头鹰带到雅典去。这只猫头鹰对我来说首先是来自您的一个温馨的问候,对此我由衷感谢。您为我的生日①所写的伴有美好祝愿的问候信,让我确信了您的思想并非偶然,应该被加进我的生活。

我被允许加入到您和爱尔福丽德的友情之中,这对于我来说是一种幸福,同时也是一种义务。在您去山谷之前我们在一个阳光煦煦的山坡上做短暂的休息时,您告诉我说,您要牢牢把握住您的实存。但是您在木屋的第一次居住期间所付出的并不比您所获的要少。

我猜想,您现在正处于这样的情绪之中,那在学期伊始侵袭而来的让人能够释放全部工作的激情的情绪:只有新的可能的效果才会带来创造性,只有这样个体才能是其所是。您作为女性的劳

---

① 9月26日。

作——这些年来爱尔福丽德越来越多地向我展现出来这种劳作的意义——践行着新的道路，而不是一种单纯的职业作用。这一定给了您一种独特的"生存愉悦"（Existensfreudigkeit），这种愉悦不是事后因为事实上的结果而降临到一个人身上，毋宁说它是从一开始就影响着人的。

恰如最内在的动力的关键在于它以被他人爱着为前提，真正的友谊也以同样的理由而存在；真正的友谊因为个体决心为他人献出的忠诚而存在。

衷心地问候您
您的
马丁·海德格尔

11

马丁·海德格尔致伊丽莎白·布洛赫曼

1926年11月26日,马堡

亲爱的莉茜:

您温暖的来信,对于刚刚搬回马堡①的我来说,就如放在书桌上的一束秋天的花朵。感谢您的来信。它让我再次想起了在黑森林一起度过的美好时光:在黄昏时开始去往木屋的第一次行程——我们大家变得高兴起来——从施杜本瓦森峰②远远望去,灰暗山坡寂静的轮廓线——林间草地上的球赛——晚上走在细细的小路上穿过牧场,走向那布雷顿③的明亮而又寂静的小房子——

"红色的小檗已然成熟,
老去的紫菀于畦中微弱吐息,
因夏已过,那些并不富足者,
将徒然等待一无所得。"
(里尔克,《时辰祈祷书》,74)④

您现在的情况怎么样?那些陌生的、杂多的东西只是暂时地压制着您,为了使您变得更加自由。而那座您已经完全感觉到了

---

① 海德格尔于1923年6月18日在马堡大学获得了哲学教授的职称和马堡大学的哲学附加教席,并于1923—1924年的冬季学期移居到马堡。
② 施杜本瓦森峰(Stübenwasen),位于托特瑙山之上,海拔1388米。
③ 布雷顿(Büreten),在托特瑙山上面的一个小居民点。
④ 摘自莱纳·马利亚·里尔克(1875—1926)《祈祷书》中的《朝圣者之书》(1901年完成)的诗节。本段诗由本书译者翻译。——译注

其秘密的大城市①，对您的"生存的愉悦"也构不成任何的损害。而遗憾的是这种乐趣我不能近距离地体会了，因为"正如人们听说的"，官方并不考虑任命我。所以您不久就得动身到我们这里来。在和爱尔福丽德及儿子的宁静生活和工作中，马堡的生活尚可以接受。我有一个非常不错的书房②——向左面远眺我可以看到城堡，而向右我可以看到弗劳恩山——以至于我在一开始的两周里根本没有到房子前面去过。

现在学期的工作已经平静地进行着了。我希望您也可以拥有像那些在第一周在我的课堂里坚持下来的人一样令人愉快的听众。——我在柏林大学的课程目录上看到韦特海默③讲《心理学》。我肯定无法讲他"现在"在学院里水平怎样。但是他一定能够讲出在这个时代里这个领域中可以听到的最为时髦的东西。

您的"慢性子"——这个词我指的不是"奇怪"，而是一种美好——也许会悄无声息地使"通信"变得无法进行下去。尽管如此我还是要向您致以这样一个小小的问候。它就像穿过海默勒森林④的短暂行程一样———同沉浸于天堂的平静之中——答复它

---

① 伊丽莎白·布洛赫曼在 1922、1923 年间在魏玛做了一年试讲，1923 年至 1926 年在塔勒（哈尔茨）的社会女子学校做了三年教师之后，自 1926 年起，布洛赫曼在柏林的派斯塔洛西—弗吕波尔宫（在它同爱丽丝·萨洛蒙于 1908 年创立的社会女子学校合并之后）做辅导教师，并搬进了在柏林维尔莫斯多夫区的布拉格大街一处住所。

② 位于巴夫斯托大街（Barfüßertorstraße）15 号。

③ 马克斯·韦特海默（Max Wertheimer），心理学家，1880 年 4 月 15 日生于布拉格，1943 年 10 月 12 日卒于纽约。与科勒（Köhler）和柯夫卡（Koffka）同为格式塔理论的奠基人。1912 年担任法兰克福大学的编外讲师，1922 年担任柏林大学副教授，1928 年至 1933 年重新回到法兰克福大学担任正教授。纳粹期间流亡到纽约，在纽约的社会研究新学院担任教授。

④ 在托特瑙山吕特（Rütte）地区上面的一片树林。

没有什么意义。

这本小书给我带来了许多悠闲的欢愉,并唤醒了我儿时就曾有过的一些旧的梦想。为此我非常感谢您。将来我会拿它装点我木屋的书架。由于雅斯贝尔斯把他的《心理学》①赠给了我,我现在还不能把它轻易转赠,但将来它永远是您的。

怀着诚挚的友谊
您忠实的马丁

---

① 卡尔·雅斯贝尔斯:《世界观的心理学》,第3版,慕尼黑,1925年。海德格尔曾对此书1919年的第一版写过一个详细的批判性书评,这使得这两位哲学家于1919年至1921年间建立起了持续了整个20年代的友好关系。海德格尔同雅斯贝尔斯(1883年2月23日生于奥登堡,1969年2月26日卒于巴塞尔;1916年到1937年及1945年到1948年在海德堡大学任教授,1948年之后在巴塞尔大学任教授)的通信集已经在整理之中。参见:《卡尔·雅斯贝尔斯〈世界观的心理学〉评注》,收于《路标》(1967年),现收于《海德格尔全集》第9卷,1976年,第1—44页。

12

马丁·海德格尔致伊丽莎白·布洛赫曼

1926年12月22日,马堡

亲爱的朋友:

以这封信向您致以圣诞节的小小问候。由于您对狄尔泰的世界不仅了解①,而且我感觉到您也活在这个世界中,那份通信集②将会告诉你很多东西。

我祝福您在家乡可以舒服地休息一下,并得以再度专注(Sammlung)和取得进益。促成这些的并非只有新的经历;我们需要的是一种氛围。

本来这封信应该在小木屋写给您的,伴着火炉里木柴噼啪的响声,木屋屋顶覆盖厚厚一层雪,雪景之中的山峦显得愈加寂静和孤独。

然而我却坐在这里——还处于过渡章节③之上。学期工作占据了我全部的注意力。假期可以为旧的一年画上一个句号。

我们四个人以对二月下旬的期盼而安慰自己。到那时我就会

---

① 伊丽莎白·布洛赫曼对于狄尔泰的了解主要是通过她哥廷根大学的老师、狄尔泰的学生赫尔曼·诺尔。参见第28封信的注释。另参见:伊丽莎白·布洛赫曼:《赫尔曼·诺尔和他所经历的教育学运动:1879—1960》,哥廷根,1969年,第28页至第38页。

② 《威廉·狄尔泰和保罗·约克·冯·瓦滕堡伯爵1877年至1897年的通信集》,哈勒,1927年出版。参见马丁·海德格尔《存在与时间》,哈勒,1927年,第77章:"当前对历史性问题的阐释同狄尔泰的研究和约克伯爵的观念之间的关联。"

③ 指的是海德格尔《存在与时间(上卷)》,1927年首见于埃德蒙德·胡塞尔主编的《哲学与现象学研究年鉴》第八卷。

有两个月的时间在山里安歇下来。

1月1日到10日我将到海德堡雅斯贝尔斯那里去①。我非常期待着,不仅可以通过自言自语以及同历史打交道(im Selbstgespräch und im Verkehr mit der Geschichte)的方式,还可以通过当下的交流来进行哲学思考(philosophieren)。

怀着真诚的想念
致以衷心的问候
您的马丁

---

① 为了预先商讨《存在与时间》的一些印张的问题。

13

马丁·海德格尔致伊丽莎白·布洛赫曼

1927年3月29日,托特瑙山

亲爱的莉茜:

我们现在在木屋已经快待了四周了。我们在这里享受着美好的阳光和厚厚的积雪。美好的行程使得在一学期中耗费掉的力量全都恢复了。一周以来我就已经在我的农舍①中劳作了,结果是我成了新雪和阳光的诱惑的牺牲品。

爱尔福丽德从她自马堡带来的流感中恢复过来之后,我们就有机会来一起做一些事情了,比如一起去施里斯霍尔草场②,这您当然也知道那里。孩子们吵闹无比,释放出健康的活力。

最后要说的是,您真的是不可或缺的。尽管您现在来的话,已经不太可能考虑滑雪了,但是也许您需要在柏林的冬天后得到相应的休养。黑森林等着您。

我们也想知道,您现在怎么样了,新的环境对您产生了怎样的影响,心理学和其他的学科计划进展得怎样了。我们希望能够招待您在黑森林再次度过美好的几天。

带着衷心的友谊祝福您
您的马丁

---

① 在托特瑙堡"山庄"的一个老手工场里——以它的主人的名字命名也被称做"布兰德农舍"(Brenderstube)——海德格尔在这里完成了《存在与时间》的绝大部分。

② 施里斯霍尔草场(Schließheu),托特瑙山上的一片被森林围绕起来的牧场。

[信背面]

亲爱的莉茜:

马丁已经把我要给你写的东西都说过了,我只想由衷地再说一句:如果在复活节滑雪对你来说是一件非常奇妙的事的话,那就快些来马堡吧。

你最忠实的爱尔福丽德。

14

马丁·海德格尔致伊丽莎白·布洛赫曼

1927年5月29日,马堡

亲爱的莉茜:

您上次在小木屋时跟我谈起过一位现在在哥廷根大学任教的教育学家①。我在圣灵降临节前的星期六一直到周三要去哥廷根的米施②那里,他已经多次邀请过我了。如果我借这个机会能够以一种不令人注意的方式认识你提到的这位先生——他的名字我忘掉了,这对我来说会是很有价值的。我对此非常重视,因为我今天刚刚听说,这里要正式对教育学教席的问题进行严肃讨论了。但是我请您对此不要声张。请您在这个事情上帮我一个忙,一定把这个人的名字告诉我,因为据我所知在哥廷根有不止一位年轻的教育学家。

我的书③已经出版了。给您的那本我打算在你生日的时候送上。当然您得先向我透露一下您的生日是哪一天。

---

① 指的是赫尔曼·诺尔的学生艾里希·维尼格(Erich Weniger),1894年9月11日生于施泰因霍斯特,1961年5月2日卒于哥廷根。1926年任哥廷根大学的编外讲师,1928年于基尔教育学院担任教授,1929年任基尔大学教授,1930年担任阿尔托纳教育学院院长,1932年移居法兰克福,1933年离职。1945年担任哥廷根教育学院校长,1948年担任哥廷根大学教授。

② 乔治·米施(Georg Misch),1878年4月5日生于柏林,1965年6月10日卒于哥廷根。1911年于马堡大学担任副教授,1919年起于哥廷根大学担任正教授,1934年强制退休,1939年至1946年间于英国流亡。狄尔泰的弟子,也是《狄尔泰全集》的编辑者。

③ 即《存在与时间》,参见第12封信的注释。

您计划好的突然来访不能够成行了,这真遗憾,我现在想象着,那样一种惊喜是多么的美好。您什么时候放假?爱尔福丽德昨天去威斯巴登参加妇女教育研究协会的会议了。

我惦念着您,并期待着很快能够真的看到您。

您衷心的
马丁

15

马丁·海德格尔致伊丽莎白·布洛赫曼

1927年10月21日,梅斯基希(巴登)

亲爱的莉茜:

您的来信对我来说是最好的生日礼物。我还曾设想和您一同在小木屋里围坐在小桌旁边——但绝不是祝贺"教授先生"。当时劳兴格女士①还在这里,她很高兴。

开始于同您的亲切会面的假期,一如既往非常地美好,尽管严重的中耳炎耗费了我三周最美好的假期时间。这一次我们和孩子们做了前面几次长途的远足:一次到海尔措根豪恩(Herzogenhorn),穿过了一个寂静的山谷向下去到托特瑙山然后再返回;第二次去了菲尔德湖。如果您再来黑森林的话,当然一定是明年了,那我们一定再走一遍去菲尔德湖的路。因为自打八月以后我们的女儿也在山上了,爱尔福丽德也因此很享受在山上的这段停留。我们经常玩拳球并且完全按照规则来进行。

对我来说在我房间工作的几周确是很多产的。我把康德的《纯粹理性批判》②一口气研究了一遍,在这过程中有了很多的惊讶,也做了许多的学习、巩固和提炼。

能再次看到您内心如此愉悦我也感到很幸福。我本想在第一个晚上陪您度过一个小时,但是我不想占用您和您的姐妹的时间。

---

① 劳兴格(Rotzinger)女士,托特瑙山布雷顿村的一位农妇。
② 1927、1928年间的冬季学期海德格尔开设了《对康德纯粹理性批判的现象学解释》讲演课,现收录于《海德格尔全集》第25卷,1977年。

我感谢您在这里的第二天,那也已经是告别的日子了。但正因如此这对我才是一个宝贵的礼物,因为我被允许体验了我所无以言表的东西,但借此您赋予了我们的友谊宁静的亲密。这也是一种特别的实存形式,过去的时代对此一无所知,它以特有的责任充实了此在。

此外,在小木屋的时光是很平静的;正当我生病的时候有些人来访。从 10 月 10 日起我就必须在弗莱堡同胡塞尔一同工作了①,这样我从 9 月起就不再有很多的空闲时间了,因为我必须为了这段时间的工作通读他的手稿。

所以我现在才为此对您致以迟到的谢意。

您有如此美好的空闲时间来从事您自己的工作,这是非常好的。我相信,决定性的东西不是您个别的书面成果,而应该是对您最为切身的生活计划的不断沉思和完善。

我这样认为,一个女性的存在的这种内在的新创不仅有其艰难的地方,而且也是很鼓舞人的。

男人的工作——如果这种工作不缺乏所有的真实的话——总归是建立在战斗和孤独(Kampf und die Einsamkeit)之上的。男人更适应这些东西,因而思想性的工作对他们来说要轻松一些。

您的那本笔记本②可以视为您的生活环境的真实写照,我是断断续续地读的。当您把您的工作计划完全实施了的时候,那也将会是一条完全撇开了总体教育的新路,即毫不做作地、生动地践行

---

① 参见马丁·海德格尔 1927 年 10 月 22 日从梅斯基希写给埃德蒙德·胡塞尔的信。收于《胡塞尔全集》第 9 卷,瓦尔特·比梅尔编,海牙,1968 年,第 600 页至 603 页(《现象学的心理学》)。

② 可能是关于布洛赫曼在柏林的居所的。

真正的教育。

最后还有一件小事，部长已经决定让我接替那托普的教席①。前天我接到这个消息②的同时也接到了通知说，我在格莱弗斯瓦尔德(Greifswald)的继任者被定为是被提名教席职位的编外讲师曼克③。曼克是编辑《莱布尼茨全集》的合作者同时也是格莱弗斯瓦尔德高中的高级参议教师——同时也是胡塞尔最早的学生。

因为在11月的第一周就是考试了，我大概在11月的第二周才能去柏林。

如果能够见到您，我会非常的高兴。那样的话，我们上一年的愿望就可以最终实现了。

怀着忠实的尊敬和友谊
衷心地问候您，亲爱的莉茜
您的马丁

后天我将去往海德堡到雅斯贝尔斯那里④一直待到10月27

---

① 保罗·那托普(Paul Natorp)，1854年1月24日生于杜塞尔多夫，1924年8月17日卒于马堡，哲学家，教育学家。自1883年起于马堡担任教授，是除了赫尔曼·科恩以外的新康德主义"马堡学派"的主要代表人物。海德格尔1927年10月接替了他的教席。

② 这份通知的正文收于《胡塞尔全集》第9卷，出处同上，第602页(海德格尔1927年10月22日写给胡塞尔的信的附件三)。

③ 迪特里希·曼克(Dietrich Mahnke)，1884年10月17日生于费尔登，1939年7月25日卒于马堡。1922年于弗莱堡获得哲学博士学位，1926年于格莱弗斯瓦尔德大学任编外讲师，1927年接任了海德格尔在马堡大学的第二个教席。

④ 海德格尔在1927年10月22日写给胡塞尔的信中写道："我下周启程到雅斯贝尔斯那里，我想从他那里得到一些策略上的建议。"

日。我还没有决定在图宾根作的报告①是否出版。西贝克②已经又询问过我一次了。

---

① 指《现象学和神学》,1927年7月8日于图宾根大学。参见第18封信及其注释。
② 保罗·西贝克(Paul Siebeck),图宾根有着至高声誉的哲学出版社——J.C.B毛尔出版社的出版商。

16

马丁·海德格尔致伊丽莎白·布洛赫曼

1927年12月10日,马堡

亲爱的莉茜:

感谢您和我一起度过的柏林的美好的时光,能够看到您在那里居住和怎样的生活,这让我感到高兴。

如果在那些日子里能够更加平静一些的话,我们就可以谈论更多的东西了。在返程路上我一直在思考着您现在的境况,我认为您必须尝试着离开柏林,去做一些能够让您完全自由施展才华的事情。

这样您就可以建起自己的、完全符合您自身的居所。

当我现在在远方在想象中进行对比时:布拉格大街和黑森林,那么我就懂得了小木屋里时光的意义。

我现在无疑排除了一个因素:内在于在历史进程之中的现代生活。在柏林、科隆和波恩,我清楚地认识到了它。在那里工作更加轻易地获得了许多东西,虽然人们也必须自己带上剩下的东西。我在科隆和波恩获得了一次出色的、真正的成功。我是完全自由的,也因此比往常讲话更加容易和轻松愉快,通过这些我觉得自己生活在一个真实的氛围之中。

最后一个晚上的离别来得那么突然,以至于让我感到这样离去(Weg-gehen)对我来说根本无法与那些美好的日子相称。还要特别感谢您把我领到勒姆。在火车启动之前我还和瓦尔特·鲍尔①作了一次简短而充实的交谈,这再度使我坚信,这里正在形成一种不同寻常的力量。如果能够和你们经常地相遇的话,我会感到非常高兴的。

在几天前我拿到了我的新滑雪板——地道的挪威货,板材切割得棒极了。下下周我们就要去小木屋了,我想最好可以带上您。无论如何您都必须要休养一下了。

致以衷心的问候和爱

您的

马丁

并致以爱尔福丽德衷心的问候

---

① 瓦尔特·鲍尔(Walter Bauer),1901年11月6日生于海尔布隆,1968年11月1日卒。20年代初于弗莱堡大学学习国民经济学,自此同海德格尔一家结下了友谊;后来去了柏林和图宾根,1925年同克拉拉·弗兰克结婚。1944年7月20日被以"叛乱及叛国罪"起诉而在纳粹人民法庭受审。1945年后担任富达的一个纺织厂厂长,曾任富达工商联合会主席以及其他职务。

17

马丁·海德格尔致伊丽莎白·布洛赫曼

马堡,1928年1月2日

亲爱的伊丽莎白:

对我来说,对埃及博物馆的回忆①就是一段美好时光的再现,在记忆中您的出现就是一个令人喜悦的财宝。时光的辽远和生命的伟大,我们观赏着,也沉醉在它们的残迹之中,让我感到一切偶然的东西——我们的重逢、我们刚刚来到的这个博物馆——都沉沦了,只剩下一件事情,就是您本身对我变得清晰了。——在平静的基督降临节里,您带着静静的羞涩,为了把那只美丽而老旧的杯子推到座位上,把它正好放到了我的那只杯子的旁边;带有强有力的、质朴的此在的"辛德哈内斯"②(Schinderhannes);在您花园门口的分别;那一次热情的工作和使得一颗心变得充实的夜晚;穿过秋日的雾霭去向郊外的路程——所有的一切当我得以在圣诞节的早晨读您可爱的书信时都重现了。

我为这一切感谢您。我自信地确知可以为您内心的伟大和宽广而服务。"Volo ut sis"——"依我的意愿,你存在",奥古斯丁曾这样诠释爱。在此他将爱视为一个人对于另一个人的最为内在的自由。你去柏林的决定也许能释放出您内部的全部力量,并赋予您拥有充实生活的资格。

---

① 指参观柏林新博物馆的埃及展馆。
② 卡尔·楚格迈耶(Carl Zuckmayer)的剧作。1927年10月13日在柏林的莱辛剧院首映。

这个假期里没有下雪,但是有充沛的阳光,与爱尔福丽德和孩子们在一起也充满了平静与快乐。我曾热切地渴望着您在圣诞夜里能够出现在小木屋一会儿。在充满了休息的一周之后就是这个充满新工作的一周——在上个星期日我步行去了弗莱堡并和胡塞尔度过了美好而充实的一天。爱尔福丽德这一个月都在山上陪着孩子们在山上小木屋里。我已经再次投身于学期工作和对康德的热情之中。

偶尔我也会不明白,为什么我能够在这里为了我而存在,没有同您的联系,这肯定就不可能了。

我也梦想着,您将您可爱、美丽的手放在我的额头上,那样我会知道一切都是美好的。

您的
马丁

另:谢谢您的"?"我会找个时间把它邮回去。

18

马丁·海德格尔致伊丽莎白·布洛赫曼

木屋，1928 年 8 月 8 日

亲爱的伊丽莎白：

沐浴着塔尔文德山下午的阳光，在小木屋前的槭树下面，我给你写这封信，首先我要衷心地感谢您给我写的关于我报告的那封长信①。

您在信中所写的东西给我带来了巨大的欢乐，因为您所说的全部都是根本性的东西。但是立即给您回信——这对我来讲也经常是最幸福的事情——却因为极其繁忙的教学工作而被搁置了。现在教学工作终于顺利地结束了，我与我的听众和学生作了一个十分美好的告别。现在我在慢慢地适应弗莱堡的生活②，但就如我在假期里每天都越来越多地认识到的那样，这种适应是对任务的

---

① 海德格尔给伊丽莎白·布洛赫曼寄去了一份带有手写献词——"献给您的生日，1928 年（4 月 14 日），马丁"——的"在手稿基础上经过扩充的"打印稿，该打印稿的标题是《神学和哲学，海德格尔的演讲，1928 年 2 月 14 日于马堡》。海德格尔在一个脚注中这样解释了为何标题同 1927 年 7 月 9 日在图宾根作的报告相比有所更改："这个报告第二部分内容本质上是说现象学和神学；该报告是 1927 年 7 月 9 日应图宾根新教神学学会的邀请而作的。现有的文本在这个报告之后又经过了一次修订，并通过增补使之更加明确，然而在客观的立场上没有作任何改变。"这份报告最早在 1970 年作为单行本由法兰克福的克罗斯特曼出版社出版，并带有打印的献词"献给鲁道夫·布尔特曼，纪念 1923 到 1928 年在马堡的友谊"。现收录于《海德格尔全集》第 9 卷，1979 年，第 45 页到 78 页（《路标》）。

② 自胡塞尔退休之后，海德格尔此时已经在弗莱堡大学哲学系获得了胡塞尔的教席。在获得了这一教席，并获得了一处地产之后海德格尔一家于 1928 年秋天移居到了弗莱堡。1928 年的冬季学期海德格尔在弗莱堡大学开始授课。

深化(Tieferlegen)，也是慢慢去尝试(Sichwagen)我第一次在弗莱堡的时光里还难以接触到的东西。这样的话，撇开那些外在的更加美好的环境和条件不谈，弗莱堡的生活对我自身来讲将会是全新的。

这个夏天最后一次马堡讲座已经是一条新的道路(ein neuer Weg)，或者更确切讲，我踏上了一条过去以为在长时间里还只能加以揣测的小路(die Pfade, die ich glaubte noch langehin nur ahnen zu dürfen)。

您完全正确地、明确地提出的所有问题都还属于这个形而上学的领域。我刻意地、也是单方面地把我的报告削减为一个特定的问题，这个问题我通过演讲的目的已经预先确定了：一个神学家从现象学中能学到什么、学不到什么。再次，一方面哲学只是在科学理论的角度并且自身被视为"科学"；另一方面神学以及基督教信仰——因为主题是基督教神学——是被预设的。

带着这样的任务设定我作为一个哲学家进入到了一个满是不信服的环境中，正如您所看到的，这一切将变成一种基督教神学的卫道辩护而非一种探讨。如果我想把这作为一个任务完成，准备工作就必须是完全不同的——也即，哲学的概念必须从总体上被阐述(im Ganzen exponiert)，而且正如您完全正确地看到的，不仅要以此来对抗神学，还要以此来对抗宗教——而且不仅仅是基督教。宗教是人实存的一个基本可能性(Grundmöglichkeit)，虽然它是另一种和哲学完全不同的形式。与哲学不同，宗教有其信仰，这种信仰是此在自身的自由，这种自由只会在自由的状态中存在(die ja nur im Frei*sein* existent wird)。

神学是否是科学这个问题自然地出现在了讨论之中，在马堡时这也是我的学生所提出的典型问题。尽管我个人确信神学不是科学——但是我今天仍然无法将这一点真正地展示出来,并使得神学巨大的思想史作用能够被积极地理解。单纯的否定是容易的,但是说清究竟什么是科学,什么是神学——如果神学既不是哲学也不是科学的话——所有这些都是我不想牵扯进目前的讨论的问题。我相信我正在逐渐地靠近根基(Basis),从而从根本上提出这个问题——一种自然的胆怯让我停留在对此的报告和讨论中。9月在柏林为此也许会有一段愉快的时光。非常确定,这次不是以通常的形式,根据这种形式,人们让科学、艺术、信仰和其他的东西像棋盘上的棋子一样无根地、辩证地相互对立。只有科学和其他东西的观念从原初上更为彻底地进行了转变,问题才会变得鲜活。

这样就同您提到的地方联系起来了,您提到在诸历史科学中有一种独特的实存理解(Existenzverständnis),对此根据我的信念,传统的对于自然科学和精神科学的任何一种形式的划分都是肤浅的。形而上学地看,只存在一种科学。

您所提出的关于和神学对信仰的解释相对立的对应于信仰的前哲学的存在理解(vorphilosophischen Seinsverständnis)的问题是完全切题的。具体来讲问题在于我们将什么称作自然形而上学(metaphysica naturalis)——自然世界观。无疑,要去加以研究的是什么,也许是哲学的最难的问题之一。

只要此在实存着(existiert),它就在哲思着,这属于人的此在(Dasein)的本质。作为人而存在(Menschensein)已意味着哲思——也正因为如此,要解放原初的和明确的哲学现在是如此的困难。比如康德在先验辩证法中以完全的巴洛克式的"幻象的逻辑(Logik des Scheins sucht)"的形式寻找的东西乃是——这对我来说从冬季以来变得完全清楚明了了——自然世界观的形而上学（die Metaphysik der natürlichen Weltanschauung）。这也是对康德来讲仍然被遮蔽的问题，因此这个问题也必定为德国唯心主义所忽视。

所以您大概会明白我为什么不发表这份"可以付印的"报告。然而这份报告对我来说同时也是一份马堡时期的存档①，这份文献应可以显示出当人们已经处于基督教新教的信仰之中并从事于神学的时候，人们是怎样不得不接受哲学的，只要人们只愿将其当做一种帮助而不是作为一种原则上的忧虑。这样，我在马堡时期的工作一直都具有清醒的两面性——哲学帮助我也完全地让我忧虑——我还把不止一个人从神学中解放出来——这是否是一项功绩，现在还很难说。当涉及的年轻人能够找到他们内在的自由时，这中介方就是正确的。

与神学和信仰在根基上的争论（Die grundsätzliche Auseinandersetzung mit Theologie u. Glaube）始终只会在积极的哲思之中发生，这种争论无疑地要求在神学宣称存在的事物之中有一种完全清晰的、被推进到极致的神学建构作为方法上的准备。只有这样——而不是仅仅以一个模糊的概念为根基——神学才能在核心与本质之中被找到。我很高兴，您这么快就已经能够超出序言从根基上提问了。

我们在今年又一次在一个周日上山了，我们也怀念着去年拉

---

① 《以莱布尼兹为起点的逻辑学的形而上学的开端的根据》，1928年夏季学期。现收于《海德格尔全集》第26卷，1978年。

彻特山①上的问候——山上非常的美好,如果您能够有时间来这里,沐浴着傍晚的阳光在开阔而安静的施杜本瓦森峰上散次步,这将会更加美好。

九月初我们将去柏林,这令我们很高兴。确切的消息我还会再联系您。到时我们会向你讲家里的情况,还会给你带去照片。最近一场雨也没有下过。

下一周我又将在农舍②中开始我的工作了,它现在完全属于我,并被布置为一个能够长期使用的处所了。

怀着诚挚的友谊
问候您
您的马丁

亲爱的莉茜:

衷心地问候您并谢谢您的复活节问候。我很期待在柏林的相聚,我们将会在九月四日到达,住在鲍尔家。

到时见,问好

爱尔福丽德

---

① 拉彻特山(Ratschert),木屋西边的一个圆形小山峰,托特瑙山青年旅店坐落于此。

② 参见第十三封信的注释。

19

马丁·海德格尔致伊丽莎白·布洛赫曼

木屋,1928 年 10 月 17 日

亲爱的莉茜:

今年的生日看起来与往年的有些不同。从九月二十二日起我就和约格独自住在木屋里了,因为爱尔福丽德在马堡有些事情,然后又去了威斯巴登,而现在正忙于搬迁到弗莱堡的事宜。

在九月二十六日一个美好的秋日里我们一起去了费尔德山远足;在那里没有任何其他人,只有我们两个人和山岭、丛林与深谷相伴。当我们回到木屋时,您的电报就已经被插在门上了——这样我们的一天也在非常快乐中结束,为此我由衷地感谢您。

这本我一收到就常在工作间隙打开来看的关于里尔克的书①突然就来到了这里,似乎不一定是从柏林邮来的,但是我知道,这是您的问候。为表示感谢,我十分想要邀请您在这个秋天来一次施杜本瓦森峰。这些书对于那位有幸同您通信的人来说也是一个礼物——我一直在徒劳地找寻一本这种方式、这样的水准的女性著作——特别是同这本书一样带着对人的实存的本质的深入洞察的著作。能够拥有得自您的这样一本书令我十分高兴。

但是在感谢以上的一切和您在信中的美好祝愿之前,我首先要感谢您在过去的一年里给予我的友谊,它是如此的重要,使我每

---

① 可能是指卢·安德里亚斯—萨洛梅(Lou Andreas-Salomé)的《莱纳·马利亚·里尔克》,莱比锡岛屿出版社,1928 年。

天都因此变得更加富足：您质朴、明了的信任具有催人奋进的力量。——在回柏林的路上我很悲伤，因为我们再不能够相见了。爱尔福丽德在从里加到哥尼斯堡的潮湿的车厢中生病了，但她在病情恶化之前就痊愈了。海上之旅很令人回味，我们很享受这次旅行。实际上给我留下了最深印象的是最后一天的凌晨，大约在四点钟，轮船已经在里加湾中向南前行了，眼帘之中也再看不到陆地了——这时东方渐渐泛起了朝霞，霞光映照在波动的海面上——大自然在这短暂的一瞬间里显露出了自身。

在里加的几天①令我非常的疲劳，但那里的人们格外地令人感激和周到。战争和布尔什维克的统治给这座城市带来的伤害还未平复。在许多地方——尽管并不明显但却因此更加有说服力——已经有着很强的俄罗斯印记了。波罗的人的命运令人动容，而我的心中却怀念着黑森林，当完成了这次漫长的旅行回到海德堡南边时我非常的高兴——这时的故乡对我来讲就像新的一样。——回来以后我一直忙于写给胡塞尔纪念文集的论文《论根据的本质》②。在这篇文章中我试图把一些重要的东西简明地说出来（einiges Wesentliche einfach zu sagen）。这篇文章我今天已经完成了。在接下来的几天里我们要到山谷去。

这段时间山上已经准时地下过雪了。当人们在山上刮着狂风的夜晚里因为突然的寂静——在这种寂静之中风景和生活就变换

---

① 海德格尔在九月份于立陶宛的里加市做了几个讲座，去的时候搭乘轮船，而回来的时候坐的是火车。
② 为埃德蒙德·胡塞尔七十岁生日所作的纪念献文。收于《哲学与现象学研究年鉴》补卷，哈勒，1929年，第71页至第110页。与此同时也作为单行本出版；1931年第二版。现收录于《海德格尔全集》第9卷，1976年，第123页至第176页《路标》。

到了冬天——而醒来时,是一种非常奇特的感觉。

而一觉醒来,孩子们带着无比的兴奋推开窗板时,是多么开心啊!再从住地望向有着茂密杉树的陡峭山坡,那片人们习以为常的区域现在只是一片与天空交融起来的白色,以至于一眼望去好像是在木屋周围结块的雾一般。这里的雪与城市里的完全不同,城市里的雪只是由尘垢的一种令人厌烦的变种构成的,而且使得失去自然(Naturlosigkeit)的荒芜与迷误更加深重。

在白天里,那由鲜红的、黄的和绿的槭树叶点缀成的圆形山顶在阳光下与有雪的山坡相映生辉,一片片朝西的、没有积雪的深黑色农舍屋顶构成了两者之间的分割线。在它们背后,那林木茂密的山峦的线条也被撒上了淡淡的、雾一般的雪。当东北风从施杜本瓦森峰呼啸而下吹过木屋时应该是很冷的,但在白天里却经常有夏日般的温暖。

爱尔福丽德很兴奋地从家里[①]写信来,我们都很希望会议不会将您的假期完全占据,让您能很快地来这里做客。

我衷心祝愿你在这个冬天里的工作能够卓有成效,并怀着忠诚的友谊问候您。

您的
马丁

---

① 指的是弗莱堡—采林根,吕特布克大街47号。

20

马丁·海德格尔致伊丽莎白·布洛赫曼
［印刷信头］弗莱堡大学哲学系Ⅰ

1928年12月22日

亲爱的伊丽莎白：

在向您致以衷心的圣诞问候的同时，我正处于期待在新房子中度过第一个圣诞节的愉悦之中，也正忙于刚刚开始的、非常有趣的工作。

假期结束后我就来到木屋了，在此期间的许多星期日里我已经和学生们在山上美妙的雪中做了好几次愉快的、令人难忘的旅行了。

我已经答应了三月份去达沃斯大学做讲座①，也特别为了能在那里参加若干期待已久的高山旅行。

我希望您在魏玛能够度过一段美好、平静、沉思的生活，并怀着真诚的友谊祝福您。

您的

马丁

附以爱尔福丽德的衷心问候

也许阅读谢林给您带去了许多快乐

---

① 1929年3、4月份，海德格尔在达沃斯所作的演讲，现以"康德的纯粹理性批判以及为形而上学奠基的任务"为题收于海德格尔的《康德与形而上学问题》（第四版，法兰克福，1973年，第243页至第245页）之中，其中也收录了恩斯特·卡西尔同海德格尔论辩的记录，在第246页至第268页。

21

马丁·海德格尔致伊丽莎白·布洛赫曼

弗莱堡,1929 年 4 月 12 日

亲爱的伊丽莎白:

在您生日的这一天我又到您的摇椅上坐了一会儿,也是为了给你写这封信。我还想以写给胡塞尔纪念文集①的一篇献文作为一件小礼物,同我的祝福一同献给您。但是遗憾的是文集的抽样刊还没有邮到。

在弗莱堡的第一个学期是充满了干劲的。同年轻人一起进行的工作是清新和多产的。在讲课的过程中②我获得了充足的、能够超越界限的自由和广度。除此之外,他们还去开心地滑了几次雪。而您将要住进来的那个房子给所有人提供了一个可靠而快乐的落脚点。

来自达沃斯的邀请要求我做一些相应的准备,因此没有给我留下很多学期末在小木屋里美好的休息时间。

如果一个人身在其中,那么就很难对会议本身作出评价。我并没有获得什么实实在在的哲学上的东西——除了私下里和里茨

---

① 参见第 19 封信注释。
② 指海德格尔主讲的《哲学导论》,弗莱堡,1928、1929 年冬季学期。现收于《海德格尔全集》第 27 卷。

勒①，法兰克福大学的学监，还有同卡尔·莱因哈特②和卡西尔③所进行的交流之外。就在我开始喜欢这样的亲自在场的时候，我更多地成为焦点，因为卡西尔报告的关注点在我的书上，而其余人的也遵循了这一路数。幸好我选择的题目是康德，这样我就可以专注于历史话题的路径而把话题从我身上完全引开，论述核心的、实在的问题。这越发显得重要，尤其是在经常出现这样一种危险的时候：所有那些轻易地迎合当今强大的偏好——永远先关注人——的东西成为引人注目的事件。从这一角度来看，大学生们完全缺少那必要的、有力的引领，而那些讲座又是如此多样、令人混乱。

这个空洞的、世界观的问题化（Problematisieren）找到了太多的营养。人们应该更多地去尝试着强调本质的东西（Wesentliche）、简单的东西（Einfache）和对于具体工作的唯一必要性的洞见，唯有在其中那些真正的成长才能够得到保证。令人高兴的是，现在最年轻一代的人在这个方向上已经正确地觉察并认识到，他们必须再次学会

---

① 库尔特·里茨勒（Kurt Riezler），1882年2月11日生于慕尼黑，1955年9月7日卒于慕尼黑。政治家，学者。娶了马克斯·利伯曼的女儿为妻。自1907年起于外交部工作，1918年任莫斯科大使馆参赞，1919、1920年任德国总统办公室主任；德国民主党成员。1928年至1933年任法兰克福大学学监。1938年流亡至美国，任新纽约社会研究学院教授，1954年回到欧洲。

② 卡尔·莱因哈特（Karl Reinhardt），1886年2月14日生于代特莫尔特，1958年1月9日卒于法兰克福。1916年任马堡大学古典语文学教授，1919年供职于汉堡大学，1923年至1941年任职于法兰克福大学，1941年至1945年供职于莱比锡大学，1946年再次回到法兰克福大学。

③ 恩斯特·卡西尔（Ernst Cassirer），1874年7月28日生于布莱斯瑙，1945年5月13日卒于纽约。于马堡大学就读时是科恩和那托普的学生，1906年任柏林大学编外讲师，1919年至1933年任汉堡大学正教授，1934年供职于牛津大学，1935年任哥德堡大学教授，1941年移民美国，先后任耶鲁大学、哥伦比亚大学教授。

评价与尊敬。

卡西尔在这场讨论中表现得极其优雅,甚至过于和蔼了。因此我几乎没有遇到任何阻力,将问题通过必要的措辞的锋芒展现出来。从根本上讲,这些问题作为公开的讨论来讲太有难度。关键只在于,讨论的形式和进展可以通过单纯的例子发挥作用。

我对于全部年轻人的新的力量的希望变得更加确定了。待在一家"格兰德酒店"里令我感到有些厌烦。在这期间,当我能够和里茨勒一起爬山旅行的日子来到后,一切就非常美好了。带着一种美妙的疲惫,带着充足的阳光和山间的自由,以及身体里全部按捺不住地期待着再次启程的活力,我们常常在晚上穿着滑雪装备走进雅致的欧式盥洗室中。

实实在在的研究工作和完全放松、愉快的滑雪这二者的直接统一对于多数大学老师和听众来讲是闻所未闻的。

再回到平原之后我首先睡了两天。然后,在复活节,我和爱尔福丽德还有孩子们做了一个美好的徒步旅行,到了施鲁赫湖(Schluchsee),再从那里去了木屋。

然后胡塞尔的生日就到来了,他的生日过得很隆重。校长还有五个系的系主任给他带去了大学的问候。爱尔福丽德在胡塞尔的崇拜者和朋友中募款为胡塞尔买下了一尊胸像,这尊胸像是青年时期的里凯尔特在许多年前[1]塑造的。对此胡塞尔非常高兴,也很惊讶。

最后我做了一个简短的讲话,然后递交了纪念文章,这篇文章

---

[1] 阿诺德·里凯尔特(Arnold Rickert),1889年7月10日生于索波特,卒于1976年。雕塑家,比勒菲尔德工艺美术学院教授,塑造了弗莱堡大学的阵亡战士纪念碑。

你已经拿到了。

而现在我正对我的康德诠释文章①的手稿作最终的修改,这份手稿会在五月份于波恩的科恩出版社出版。从我的"小房间"里向外看去,那村庄、森林和山岭令人心旷神怡。

而现在您寄来的可爱信件也带来了令人兴奋的消息,我们在七月份就可以在这里见到您了。到时候您一定会度过一段美好的日子。而黑森林也一定会如从前一样给您带来休养和平静。

最让我感到高兴的是,您的生活是快乐和幸福的,我的生活借助友情有幸能够对此锦上添花。

有时从他人的对话中也能听出忠诚,尽管近日的事务妨碍了写信。

伴着衷心的问候,我祝愿您可以度过一个平静的生日。

您的

马丁和爱尔福丽德

---

① 《康德和形而上学问题》,波恩科恩出版社,1929年。

22

马丁·海德格尔致伊丽莎白·布洛赫曼

托特瑙山,1929 年 9 月 12 日

亲爱的伊丽莎白:

您的信件犹如夏日之后仍旧温暖的初秋,于我们一起度过的夏季令我长久地但却总是记忆犹新地感到快乐。我想让这快乐的余音继续在我的内心深处回荡。而当我被允许在下午将您送回到布雷顿的时候,这颗心也已经在外表上被笼罩上一层初秋的情绪了。所以您心灵久久地振荡在这景致之中,也萦绕在我身边。

我非常感谢这份幸运,在您在山上和在博伊龙修道院[①]里充满友情的日子里,能够让您参与到我的工作之中。是的,亲爱的伊丽莎白,我也已经意识到了,所有的一切都应该可以拥有一个"更快乐的声音"。我感觉到,经常有某种东西在推动着您,这些东西原本不允许您当时在场。

但是这些以及最后时刻的痛苦的煎熬,我是这样看待的,我认为这对我来讲——请允许我这样讲——是我们友情的被设定的界限,通过忍耐它,我维护着您沉思的幸福。只有知道了这样对另一个人的迁就总是无来由的,这种快乐才可以到达顶点。

就是因为我明了这种"内在的基底"(innerlichen Untergrund),

[①] 一所天主教本笃会(自 1887 年起)修道院,位于距离海德格尔故乡梅斯基希不远的多瑙河河谷中。于 11 世纪时修建,至 1802 年之前一直是奥斯定会(校注:此修会在中国没有分会,无官方译名。据《中国天主教传教史概论》(徐宗泽,1938)《中国天主教史人物传》(方豪,1970)采用译名"奥斯定会")修道院。

所以对于"外表"我始终不确定。不如说，我还不能够将这种内在的东西转换成它的真实的外在的东西（sein wahres Äußeren）——自从我有一次偏离了那条路之后。而因为您的帮助我回到了那条路上，我也将这种"更快乐的声音"和"声音的消失"（Ausklingen）的缺席当作我们友情形态的斗争中的一种帮助和导引。我从未相信这个缺席能够损害到您。您已经在内心中"经受过"其他的、对您来讲更困难的东西了。

请让我带着情绪和声响做一些等待和同行这样的静默的效劳吧，在这声响中您可以在不损害我们友谊的确定性的前提下给它"定调"。这项效劳是对在我那里阻碍"声音的消失"（Ausklingen）的不自由状态的解释。

所以我从一开始就拒绝在心理上为您的"顾虑"做好准备——当这些顾虑产生于正当防卫和仓促而短浅的诚实时——因为这同您并不相称。直到我们相聚的最后几分钟——那时我看到了一切并将之首先告知了自己——我都在坚持着不给您带来巨大的失望并强迫您做您一定会反感的事。那份认为您正在或将会对那段经历进行转换的确信令我陷入痛苦之中。

因为我们此在的真相并非简单的东西。内在的真诚与之相应拥有它自身的深度和多样性。它不是单单由编排好的理性的思考构成的。它需要它的时日以及我们完全拥有此在的时刻。这样我们可以获知，我们的心在所有它的本质的东西上都必须向着神的恩典敞开。上帝——或者以您的方式来称呼它——以不同的声音呼唤着每一个人。我们不应该求助于脆弱的、臆想地存在于一切当今事物之先的现成者，而应该在历史之中敬仰伟大者的力量和诚实。大体上人类此在的过去不是虚无，而是当我们向着深渊成长时,不断地复归其上的那种东西。但是这种复归不是对逝去事物的接受,而是一种转变。

所以今天的天主教及与之类似的所有各派——新教也不例外——一定会使我们感到恐怖。而"博伊龙"(我暂且这么称呼)将会像某种本质事物的种子一样生根发芽。已经可以看出您对于晚祷的态度了,它相比弥撒来讲一定会给您带来更多的东西。当今天的人们回想起来,人每天都会进入夜间的时候,他们会觉得这不过是乏味的陈词滥调。因为他们轻易地将夜晚当作白天来过,正如同他们把白天理解为持续着的忙乱和晕眩。在晚祷中还留有夜晚神秘的、形而上学的原始力量(die mythische u. metaphysische Urgewalt der Nacht),为了能够真实地实存(um wahrhaft zu existieren)我们必须不断突破这种原始的力量。因为善只是魔鬼的善(Denn das Gute ist nur das Gute des Bösen)。

今天的人们太过精熟于编排一切,却再不能做到为了夜晚而凝神。

我们看起来像是作为某个东西而存在,并且在"运动"之中去完成一些事情——但是当拥有份安宁和悠闲的时候,我们再也不知道该如何开始自身了。

这样,晚祷对您来说已经成为一种符号,它标志着实存朝向夜间的状态,也标志着日常待命的内在必要性。

在我们的探寻之中,我们始终在根本上被统治性的操劳以及它的成果和后效误导着。我们误以为是在构建本质性的东西,同时忘记了,只有当我们完全地,也就是说,面对着黑夜和魔鬼按照我们的心灵而生活时,本质性的东西才会成长。起决定性作用的是这种原始力量的否定性成分:虚无阻碍着此在的深度。

这就是我们必须要具体地学习和教授的东西,只有这样我们才迫使时代转向,脱离深渊。这些话正是我在我们从公爵峰回来的路上,在攀登黑贝尔霍夫山时的交谈中所指出的。在那里的时候我们相互理解了——在这之后您并非偶然地开始讲述关于您祖父的奇妙故事,通过这些讲述我得以分享您的些许童年的经历。我倒是很乐意在这段记忆中看到那个小姑娘和她在大狗前面的恐慌。

如果命运也会向我们允诺以"声音的消失"(Ausklang)的话,那么我们就更不想充耳不闻此在在其深渊之中的形而上学的和弦(den metaphysischen Zusammenhang unseres Daseins)。

真正的快乐需要痛苦,并总是作为瞬间赠礼而发生。那些能够期待着这份礼物的人,给予了他的此在以真正的尊重。

因为我们相聚的最后时刻——不是通过您那点滴的错误——太过于沉重,所以,亲爱的伊丽莎白,仅仅借助您的美好而温馨的书信,我第一次完全地体会到了您的心灵所敞开的东西。

在施塔恩贝格湖畔的时光①是无比美好的,每个人都得到了休养。爱尔福丽德也来了,在经历了很长时间之后,这一次再次完全从"家"中释放出来了;我们非常享受这一切。约格在学游泳;我长时间地躺在帆船里,再次体验了这项运动的激动人心和令人振奋之处。然后我们又在博登湖畔度过了美好的两天,然后去了梅斯基希。这样我们所有人都得到了休息,并很开心地回到了弗莱堡,

---

① 在菲尔达芬(Feldafing)的匈牙利哲学家、胡塞尔的弟子威廉·齐拉西(Wilhelm Szilasi,1889 年 1 月 19 日生于布达佩斯,1966 年 11 月 1 日卒于弗莱堡)的家里。齐拉西 1932 年至 1947 年间生活于布里斯高(瑞士),1947 年起于弗莱堡大学担任教授。

8月22日，我们又从弗莱堡来到了山上的木屋。

自打来到山上，每天都比前一天过得更好。我开始粗略地安排工作。在这期间我们经常去远足。周二在拜尔辛森林做过最后一次远足之后，我们结束了在木屋的生活。周三爱尔福丽德带着孩子们去了塔尔，因为第二天就是开学的日子。我现在生活在我的农舍里，并且每天都要去一次木屋。我打算在这里一直待到十月初。

我现在感觉到不仅学期的紧张已得到缓解，还感受到非同寻常的精力充沛——也就是说内心坚定了对于工作的信心并得到了相应的振奋。在冬季学期里，我会以我关于形而上学的讲座①来展开一个新的开端。

里茨勒七月末的时候在柏林，并在八月初的时候写信给我说，教育部收到所有可能方面的要求，要在法兰克福大学设立一个教育学的教授席位。对于他来讲前景并不乐观。如果这件事与我擦肩而过的话，我会感到高兴。

我还没有下决心是否将我的就职演说②付印；我感觉那些话只适合于当时的情境，因此最好就让其停留在其适用的范围内吧。

如果天气还好，爱尔福丽德将会在周日带着孩子们来山上。然后我一定还要更加明确地问一下炉子的事情，当我平常地把话引到那上面的时候，爱尔福丽德总是显得没有什么兴趣。我希望参加这次考试最终能使您学到一些关键的东西。关于您信最后的

---

① 即《形而上学的基本概念——世界、有限性、孤独》，1929—1930年间冬季学期，现收录于《海德格尔全集》第29/30卷，1983年。

② 即《形而上学是什么？》，就职演讲，1929年7月24日。1929年于波恩出版，1930年再版。

难题,我在下一封信里再谈。

关于佛罗伦萨之行有什么可说的呢?我很晚才收到去蓬蒂尼①的邀请,所以我只能很遗憾地将其回绝。为了大致通报法国人想要什么,我会寄给您一份计划,这份计划您可以有空再给我邮回来。

亲爱的伊丽莎白,我衷心地感谢您,感谢您在这个夏天可以陪伴我们,并以真挚的友谊问候您!

您的马丁

---

① 曾经的熙笃会修道院。保罗·德雅尔丹(Paul Desjardins,1859—1940)于1910年在这里设立了"蓬蒂尼报告会"。它战后在安德烈·纪德、查理·杜博斯、恩斯特·罗伯特·库尔修斯的提议下恢复。

23

马丁·海德格尔致伊丽莎白·布洛赫曼

弗莱堡,1929 年 12 月 18 日

亲爱的伊丽莎白:

当我开始写这封信的时候,已经距离圣诞节很近了。

这两个月有一些不平静,期间我分别在卡尔斯鲁厄和海德堡做了两次报告①,主要探讨了形而上学的问题,另外我还同贡多尔夫②进行了一次精彩的谈话。

但是我首先还是要感谢您写来的关于里尔克的那些信③。我已经收到了,也可以作出很好的答复。一开始我还有一些怀疑,但是结束了在北欧的停留④之后,这些信已经变成了很多封了。我衷心的感谢您美好的献词。

您那封我不自禁地想要加以回复的可爱信件就其淡淡的悲伤口吻而言现在已然过时。您的工作被这样地评价,对您来讲一定

---

① 《哲学在今天的困境》,1929 年 12 月 4 日面向卡尔斯鲁厄康德研究协会的演讲;《形而上学是什么?》,参见第 22 封信的注释。

② 弗里德里希·贡多尔夫(Friedrich Gundolf),原姓贡德尔芬格(Gundelfinger),1880 年 6 月 20 日出生于达姆施塔特,1931 年 7 月 12 日卒于海德堡,文学家,属于史提芬·乔治(Stefan George)的圈子,1917 年任海德堡大学副教授,1920 年晋升为教授。

③ 莱纳·马利亚·里尔克的《1902 至 1906 年间的通信》,莱比锡屿出版社,1929 年。

④ 1904 年 6 月至 12 月,主要是在瑞典南部。

是件令人高兴的事情。职位①对您来说在许多事情上都是具有决定性意义的。如果您不想在这最好的几年里因为没有合适的平静时间用来休养和充实自己而过早地筋疲力尽的话,您就一定要离开柏林。——如果您能够再回头看看我早些时候写的信的话,我会很高兴的。我还有一个小小的愿望,那就是您可以作为教授通过提出关键性的问题促使我做出更多成果。

维尼格②在我这里停留的这段时间里,我感觉到他非常出色。我认为他现在找到了自己的道路。

我的形而上学演讲给我带来了很多工作;但是总的工作就自由得多了。中小学般的压力、颠倒的科学性(verkehrte Wissenschaftlichkeit)还有所有与之相关的东西都已离我远去。当然责任却变大了,我经常因为我相信必须要去做的事情而感到非常的孤独(einsam)。

演讲全文将会被打印出来,这样的话您也许有机会读一下。

我关于形而上学的就职演讲已经于十月初在法兰克福小范围地进行了。所有方面都要求我把此演讲发表出来。该演讲将会在圣诞节时出版。您可以得到一本样本,作为对于我们在弗莱堡、黑森林和博伊龙修道院共同度过的美好时光的纪念。

我们在等待着下雪;最近一些天里天气看起来要变好了,如果没有往年节日中的天气突变将好天气全部带走的话。您滑雪的计划怎么样了?小木屋里始终有您的地方。

---

① 1930年至1933年间,伊丽莎白·布洛赫曼于哈勒教育学院担任社会教育学教授,当时与她共事的教育学家还包括阿道夫·莱希维恩等。

② 维尼格(Weniger),参见第14封信注释。

您要是来的话我会很高兴的,以至于即便您决定来之前先仔细地看一看雪情怎么样,我也不会介意。

我们这边的演讲在一月七日开始。我明天就要结束工作。

致以衷心的圣诞节问候

怀着忠诚的友谊

您的

马丁

并致以来自您的姐妹的问候

24

马丁·海德格尔致伊丽莎白·布洛赫曼

1930年5月10日,弗莱堡

亲爱的伊丽莎白:

衷心感谢您寄来的明信片。我今天写了一封较长的私人信件给格里姆部长①,拒绝了来自柏林的委任。我听从了来自我内心的

---

① 阿道夫·格里姆(Adolf Grimme),1889年12月31日生于高思拉,1963年8月27日卒于德根多夫。1918年后参与了联邦的学校改革,并属于宗教社会主义者的圈子。1930年至1933年间以社会民主党的身份担任了普鲁士文化部部长;因为他同反对派运动之间的牵连,1942年至1945年间被逮捕入狱。1946年任下萨克森州文化部长,1948年至1956年间任西北德意志广播台总监。海德格尔致格里姆部长的信全文如下:
部长先生,请允许我,带着前段时间有幸同您进行的那次令人印象深刻的谈话的心情,写下这封信给您。
柏林大学的委任是源自于您的决定和您对于时局的考虑,您的决定里有着您对我极大的信任。但是我不能接受这个委任。
在这些天里能够再一次和您进行交谈,对我来说是如此的富有价值,令我感到万分荣幸;我的这个决定同世俗里对于官阶的讨价还价没有任何关系,您万万不要把我的意愿理解成这样。
对于我刚刚得以开始的这份稳定的工作,我感觉到非常满意;所以我还没有准备好按照我对我自己和他人对我的要求,来担任柏林大学教授的职务。真正永恒的哲学只能是那种真正是它时代的哲学,即同它的时代相契合的哲学。
即便那里有最好的工作条件(您的威信自然能够保证得了),也不能够让我放弃掉那份责任和内心的要求——这些正是柏林大学对于我的哲思所要求的。我现今不能够担当这一切,也并不等于我就是要逃避到一所偏远小学校的安逸之中去。
部长先生,我衷心地对您极大的信任致以谢意。
我斗胆提出拒绝您的委任的请求,但我坚信,这不是对您的愿望的驳斥,而是对我来讲的必然的道路抉择,以至于最终到了和您来谈论世界观、政治和外在立场的层面上。
向您致以最真诚的敬意,部长先生!
您忠诚的
马丁·海德格尔
(复件存于马尔巴赫德意志档案馆)

声音(innersten Stimme),而在这件事情上只有我内心的声音才可以决定。拒绝委任对于我来说,只是在考虑到格里姆本人时才是困难的。如果我对他的了解不错的话,他一定会理解我的决定的。

巴登教育局自然不能同柏林方面相比,但是我已经在很多方面改善了本来就很不错的工作条件。这样不用再负担起这些责任,我每周的工作时间就可以固定为有限的若干个小时;而且我得到保证,可以在未来几年里享受两个学期(不连续)的假期,这一条件在柏林就无法得到满足。

但是这些都不是关键的——我有内心的平静和愈加强烈的紧迫感,希望在接下来的几年中能够完全投入到连贯的理论生产中去,在其中我将再次能够自由地面对自己并创作作品。

这样的时间需要很长的内在准备和维护,特别是在不断增长着的外在要求轻易地和自己的工作和观看的方式纠缠到一起的时候。在柏林,恐怕即便是最不受打扰的状态也——因为一些消极的东西——算不上是能给人带来丰硕成果的宁静,而对于这种宁静,土地因其自身的困难是需要它并保有它的。

我希望您在自己的工作中也能拥有如上这样好的条件。我也希望我们的愿望和它的任务可以将我们拉得更近,并创造出平静、持续不断的交流意见的机会。

可能忘掉了您的生日这一事实令我感到非常的痛苦。致我犯错的并非职务琐事,而是对学期课程的准备——我必须也决心每时每刻都全身心投入其中。所以我由衷的问候现在才迟迟地被说出来。

关于中世纪,我现在能给您推荐的只是一些能够给您进一步的指示的文献。

首先是一本我非常重视的书:海尔曼·罗伊特(哥廷根大学早期教会史学家)的《中世纪宗教启蒙史》,第一卷1875年于柏林出版,第二卷1877年出版。

此外还有阿洛伊斯·邓普夫的《神圣帝国》(Sacrum Imperium)。慕尼黑,1929年。

阿洛伊斯·邓普夫著,《中世纪伦理学》(见《哲学手册》,由慕尼黑和奥登堡的鲍姆勒—施罗德出版社出版)。

马丁·格拉伯曼著,《经院哲学方法史》,迄今为止有两卷,分别出版于1909年、1911年,弗莱堡。(对于学校教学活动史的研究很重要)。

马丁·格拉伯曼著,《中世纪的精神生活——经院哲学和神秘主义历史研究论文集》,慕尼黑,1926年。

《法兰克福人——一部德国的神学》。约瑟夫·本哈特对其进行了改写并作了导言。(总序)

亚西西的方济各,《作品集》,科隆,1949年。

《教友塞拉诺的托马斯所录之亚西西的方济各之生平》,译本第二版,巴塞尔,1921年。

值得信赖的工具书有:《哲学大纲》(Überwegschen Grundnisses der Philosophie)第二卷,B·盖耶尔新编第二版,1928年。

今天就这些吧。我会帮你要来一份海因里希·芬克在这里经常做的4个小时关于中世纪思想史的演讲的文献目录。

致以由衷的问候,并祝您新的工作能够顺利。

您的马丁和爱尔福丽德

25

马丁·海德格尔致伊丽莎白·布洛赫曼

1930 年 9 月 20 日,弗莱堡

亲爱的伊丽莎白:

您的这封美好的长信已经在过去的假期里一直摆放在我面前,所有对于书信或多或少不重要的地址,从字母 A 到字母 E,都被划掉了。这告诉我,我没有忘记您——还有您的作品,在读过您的信之后,是它常常让我久久地陷入到对我们一起在公爵峰漫步的回忆之中。

但是我首先要跟你讲些东西,这样您可以对我们有一个准确的想象了。8 月 2 日,我和爱尔福丽德还有两个学医的朋友一起带着各自的折叠帆布艇乘火车穿过许仑河谷(Höllental)还有多瑙河谷到了乌尔姆。第二天我们把小艇组装了起来,在第一次也是唯一的一次困难地从下方穿过乌尔姆的一座桥后,我们一路乘舟欣赏着十分美丽的河景,一直到了多瑙沃尔特。再后一天我们去了英格尔施塔特,接着又去了雷根斯堡,最后到达了施特劳宾。在那里我们都终止了旅程,在奥格斯堡作了停留,然后回到了木屋。整个旅行是非常精彩的,除了在途中过夜时需要不停地换旅店,吃牛腿肉和诸如此类的东西。我们在山上一直住到了 9 月 14 日开学。爱尔福丽德还陪海尔曼①在巴登维勒(Badenweiler)待了几天,在那里海尔曼学了游泳,这样他就可以安生了——为这个事情他在木

---

① 海尔曼(Hermann),海德格尔的小儿子,1920 年出生于弗莱堡。

屋一直都无精打采。而相反约格则是一个总是高高兴兴的、有着乡土气的典范。如果早上阴天下雨——他称之为"水洗天",他就躺下接着睡。

有次我们做了一个很不错的徒步旅行,走过巴尔平原(Baar)到多瑙兴根。而主要的时间都被用于准备冬季学期的讲课上了:对黑格尔精神现象学的一个阐释性的分析(interpretierende Auseinandersetzung)。我还不清楚我将如何从这场斗争中生还;然而不管怎样这都是一次学习一些重要东西的机会。

在山上的停留之所以必须被中断,是因为老布兰德——那个总是和施耐德一家人来木屋参加我的生日的人——现在生命垂危了。他74岁了。在9月28日,为了处理舍勒的后事①,我又必须去科隆几天。10月8日我在不莱梅做了一个报告。在这期间我还想去拜访布尔特曼②和那两个哥廷根大学的教授③。

教育学院的真正的、内在的形式④——如果能够找到连贯一致的形式的话——只能够在那忘我牺牲的工作之中得到真正的解释

---

① 哲学家马克斯·舍勒(Max Scheler,1874年8月22日生于慕尼黑,1919年至1928年间于科隆大学任教授,1928年于法兰克福大学任教)1928年5月19日于法兰克福去世。

② 鲁道夫·布尔特曼(Rudolf Bultmann),1884年8月20日出生于奥登堡的魏弗施德特(Wiefelstede/Oldenburg),1976年6月30日卒于马堡。重要的新教神学家,创建了"去神话化"(Entmythologisierung)的方法;自1921年起于马堡大学任教授,在海德格尔于马堡时同海德格尔结下了友谊。

③ 指格奥尔格·米施(Georg Misch 参见第14封信注释)和赫尔曼·诺尔(Hermann Nohl 参见第28封信注释)。

④ 关于20世纪20年代教育学院的创建,泰奥多·威廉(Theodor Wilhelm)在《当代教育学》(斯图加特1959年,第108页)发表的"创建教育学院的十年"中这样写道:"教育学院是C.H.贝克(C. H. Becker)的一项个人工作,他在1919年到1930年间曾担任国务秘书和普鲁士文化部部长,他兼备科学家的清廉正直和对德国国民教育的所有创新活动的自由的开明态度。"

和刻画。就像我们今天总的情况一样，这将绝不会是随随便便地从外在到来的。但是这无疑地也不是从内在而来的，只要不能为我们的此在（Dasein）指出那条大路，——那条路为了即将到来的时代向此在敞开着。

现在大学中再次更加令人振奋地启动了的意外的改革尝试，将只会把一筹莫展的情况更多地、但愿也会很明显地暴露出来。也许我们必须经历职业学校这一阶段，来了解新的精神现实性的（geistigen Wirklichkeit）力量和必要性，这种真实性位于一切改革的尝试之前。但是在此之后我们也必须拒绝复兴那陈腐的、已经对我们变得陌生的洪堡、施莱尔马赫和谢林时代的唯心主义。

我们必须首先从19世纪的迷误中走出来，在那个时代里科学（为此人们也将哲学降低了）被认为是总体的实存的一个重要的可能性。这种迷误将会演变成以下这种情况，即这些教育学院——除了大学的模仿（Nachahmung）以外——首先同科学（心理学、教育学这一类的）的崇拜保持了距离，但也与敌视科学的态度保持了距离。

与此同时我却并不赞同这种"中庸之道（goldene Mitte）"，而是认为，人民和民族的真实性将会重新同本己的源头和力量相结合。

我还能很清楚地记起我在马堡的最初几个学期时的马丁等级（Martin Rang）。这对于这些神学家来说是一种绝望的情况，因为他们只是一些不再行使圣徒使命的神学学者而已。

但愿你在这一周里已经休息得很好了。对于一种完整的工作的展望——这项工作不只可以让您有时间用以沉思，而且自身中就包含了沉思——就已经让您很幸福了吧！

我们的房子越变越漂亮了，而我也渐渐真的明白，这幢房子——也就是说，这幢房子的居住者的集体（Gemeinschaft）对于我来讲，意味着什么了。

怀着真挚的友谊，您的
马丁

亲爱的莉茜，非常感谢您七月的亲切来信，尽管我迟迟没有回信，我还是感谢您真挚的想法的。希望我们很快可以重逢，我已经在山上的木屋里等待着您了。您永远是受欢迎的——即便不请自来也一样。

衷心的问候！
爱尔福丽德

26

马丁·海德格尔致伊丽莎白·布洛赫曼

托特瑙山,1931 年 4 月 8 日

亲爱的伊丽莎白:

向您的生日道以衷心的问候。他的(Sein)道路并不遥远,因为您守护着的当下如此之近,并且保留了柏林赋予您的那身形(*die Gestalt*)。

我沉默了太久,这带给了您以疑惑和悲伤。但是在过去的几个月里我自己有太多的事情要做。本来我计划直接去拜会您,这也是我没有给你写信的一个原因。从过去几个月直到现在,单单是了结柏林方面的委任带来的后续工作,就需要做很多事情。因为它所要求的思考并没有因为拒绝而结束,而是刚刚开始:当下有什么?该如何组织工作?该选取何种最个人的面对一切事物的立场的形式——面对自命为哲学的事物的活动该采取怎样的立场、面对团团围绕在身边的大众该采取怎样的立场、面对将人领进流言蜚语并将人牵扯进内在确定性和态度的文字该采取怎样的立场?发问的最后的力量该置于何处?虽然有这些纷扰,这对于每一个真实生活来说是陪伴始终的,但是对于我的工作来讲生活更加重要。

秋天我在博伊龙修道院度过了十天,每天都陪着安瑟尔谟神父,他很快就想起您来了并让我向您致以衷心的问候。他坚定(fest)而又开明和耐心地看待我们所谈论的所有话题。他是那样清楚地——也许他是唯一的一个——看到,我们今天的生活的无根性和平庸甚至已经威胁到了年轻的僧侣，消解着他们受祝福的灵魂(benediktischen Geist)。

而在那几天里您也一直萦绕在我心里，尤其是您同您在那里所经历的事情进行的斗争和自我保护。

我的思考——在这个冬天里也在进行——经常将您现在的实存也纳入其中，特别是我相信我注意到，它极大地促使您去创造成绩。教育学院自身是否可以找到应该再度在德国教师中种下、看护的真正的意愿；是否并非所有一切都被剪裁为太过偶然、太过紧密地只是关注着当下的关系和运作要求。您是否得以尤其将女性化的东西——不是那些符合于"妇女运动"的东西——引导进新的投入之中，并借此来充实教育的任务，或者这个自身还在探索着、尝试着的组织已经忽略了这一问题。

也许这一年给您带来了许多的阅历，我恐怕也给您带来了许多的孤独。无论我们如此不愿让自己首先被拉回到孤独中，也无论这孤独可能是如此地令人感到幸福并且这幸福感出自真正的记忆，我们总是低估了孤独的力量并将它和单纯的对已经失去的过往的铭记相混淆。

这个冬季学期我只讲授了两个小时的黑格尔《精神现象学》①，为高年级学生开了柏拉图的研讨课，为低年级学生开了奥古斯丁练习课(《忏悔录》第 11 章)；所有这些都是在吕特布克平静住处的简朴的隐居状态下进行的。我只接受了一小部分人来听我的讲演课，但是即便如此大多数内容对于他们来讲还是太难了。

---

① 1930—1931 年冬季学期，《黑格尔〈精神现象学〉》，现收于《海德格尔全集》第 32 卷，1980 年；给高年级开的研讨课：《柏拉图的〈巴门尼德篇〉》；给低年级开设的研讨课：《奥古斯丁〈忏悔录〉，第 11 章〈论时间〉》。

我们这个冬天过得很好,除了海尔曼,他自从圣诞节一直到二月末接连感冒一直没有好,这也牵扯住了爱尔福丽德,她一直很担心。三月初爱尔福丽德和我也得了很重的流感,所以直到复活节前不久我们才来到木屋。

我想,您也许可以去达沃斯——不仅为了课程,也为了您可以得到必要的休息。尽管我不相信在这些课程中会发生太多的东西——在这些课程中人们说得太多,因此所有的内容都没有经过长时间的、成熟的内在的准备;人们一直都认为,只要他们整理搜集了他们的迷惘并将之"说—出来"(aus-sprechen),事情就会变得清晰、真实。

希望您有一个美好的夏季学期,并生活在那令人幸福的希望中,因为我们很快就要相见了。

怀着饱含谢意的友谊问候您,
您的马丁

27

马丁·海德格尔致伊丽莎白·布洛赫曼

弗莱堡,1931年7月7日。

亲爱的伊丽莎白：

如果我们可以很快再见,我也会感到非常高兴。但首先我们的假期计划在一开始有些分歧。爱尔福丽德和孩子们在本月末要到施比克罗格(Spiekeroog)一直待到9月初。而我要在8月1日去荷兰,在那里我必须要完成在我第一次停留时允诺的一个八天的关于《存在与时间》的研讨小组会谈。8月8日之后我在荷兰的朋友还邀请我停留几天,然后我将马上前往施比克罗格。在那里的停留时间要看我能否工作,或者更确切说,看我是否会陷入往常的倦怠之中。我不将工作时间弄得更加紧凑,因为我想要在9月初和当地的一个药剂师做一次从乌尔姆到维也纳的航行。

但这些还没有完全确定下来,如果我所有的时间都花费在了施比克罗格,并被冗繁的工作所纠缠的话,那我就必须放弃多瑙河的航行了。

现在问题是,您想要在瑞士待多久,在返程之后是否要在我们这里待上一段时间。

您的假期到底有多长呢？

10月初时我必须去趟科隆,去谈一下关于舍勒遗著的出版问题；借这次机会我们或许可以在一条"中间线"上见面。但是最好还是在这里或者山上的小木屋见面。

但是您总的来说还是有一个计划,这是令我感到高兴的。衷心地感谢您邮来的弗吕波尔的小册子①。有机会我会研读一下。对此两个更"理论化"一些的问题引起了我的兴趣:游戏的本质和它对发现世界所起的作用;还有就是空间征服的问题。

我们圣灵降临节在韦拉河—威悉河(Werra-Weser)的航行非常成功;而当时您在南方而我们处于"北方"。

带着重逢的希望向你致以衷心的问候

您的

马丁

顺致以来自您姐妹的问候

致以衷心的问候,并希望再次相见——你已经很久没有来这里了——你的爱尔福丽德。

---

① 弗里德里希·弗吕波尔(Friedirch Fröbel)的《游戏的理论》,由伊丽莎白·布洛赫曼主编并作序。1930年出版于兰根萨尔察,1947年出版于魏因海姆(一批短篇教育学文章)。

28

马丁·海德格尔致伊丽莎白·布洛赫曼

弗莱堡,1931 年 8 月 31 日,星期日

亲爱的伊丽莎白:

今天下午我给诺伊施塔特打了一个电话,听说您已经出发了。为此我感到很伤心,因为不能在这里再与您见一面了。这三天的漫步是如此美好、紧凑而充实,对我来说它现在只会在"回忆"中才能够全部呈现出来,而您也将始终伴随在我的回忆之中。

对于我来说有些遗憾的是,这些天我是仅用作休息的,因此我的那些事务就根本没有再去做。这些事务现在也没有开始,它们恰恰是因为工作本身才会到来的。

这些天诺尔①想要回来看我,为此我非常期待。然后我就会搬回去。昨天我们在小木屋的时候,木屋里充满了愉悦的气氛。爱尔福丽德下周日带着孩子们回来。

今天这里的天气又开始骤变了。后来我才担心,我们做的徒步旅行是否让您太过劳累了。

祝愿你有美好的几周时间用以准备新学期的工作,衷心地感

---

① 赫尔曼·诺尔(Herman Nohl),1879 年 10 月 7 日生于柏林,1960 年 9 月 26 日卒于哥廷根。重要的教育学家,哲学家。狄尔泰的学生和共同出版者。自 1920 年起于哥廷根大学任正教授,业余大学的发起者。1937 年被纳粹政府解职,1945 年再次任职。《文汇》(Die Sammlung)杂志的创办者和编辑,伊丽莎白·布洛赫曼的老师,参见第 12 封信注释。

谢您能够陪伴我。

怀着真挚的友谊,

您的

马丁

29

马丁·海德格尔致伊丽莎白·布洛赫曼

弗莱堡,1931 年 9 月 19 日

亲爱的伊丽莎白:

由衷地感谢您令人愉悦的来信和卡片。

那三天的徒步旅行对我来讲是少有的、对于我们人本身来讲是将成为一种恩典的日子。而我是如此的需要这种恩典——相比于其他人来说。我们总是很少下定决心去获取质朴的东西。当这些浮现出来时,我们只是偶尔才能看到。

一切事物都背负着它们的秘密;但是人内心的伟大是最为深刻的秘密;因为为了将之转变为他灵魂的力量,人就要面对为罪责与苦难所困扰的境况。人们走在多有岔路的小路上;而每个人都在寻求——为了对其自我保持忠诚——重新回到那些应该成为其最内在的保护的诸心灵的周遭。

人可以去为他的本质的确定的成熟和美而奋斗,在这里胜利在等着他,这让人变得强大有力,能够无形中使得他者进入到他本质的真实之中。而在这种转变发生的地方,那心的孤寂也开始醒来,从这种孤寂出发一个人能够真正遭遇他者,这样从此以后他的心便可以在他者明确地在场的情况下行动。

现在,我们自己为了恩典而收到的东西——不是作为一种利益(einen Nutzen)骗取来的——将会克服我们追求行为的贪婪、渺小和不完满的东西。那奇迹——我们可以使自己有力到足以感恩,使自己伟大到可以找到并尊敬真正的伟大(das wahrhaft

Große)。——我再一次完全处于工作之中,或者更确切地讲,处于一种耐心的等待和守护之中。因为今天我的弟弟来了,所以我又回到了山下。而那清澈的、已经逐渐展现出来的充满温柔阳光的秋天,已经显露出来了,我知道,这样的秋日您也非常的喜爱。

祝愿您在这段准备和搜集的日子里可以颇有成果。

怀着友谊,您的
马丁

30

马丁·海德格尔致伊丽莎白·布洛赫曼

1931 年 10 月 11 日,博伊龙修道院

亲爱的伊丽莎白:

直到现在我才得以写信给你以感谢您为我生日写的信还有邮来的书。在来这里之前我在博登湖(腓特烈港)停留了三天,在那里驾驶快艇航行,然后又在我家乡待了两天。从星期五以来我在我古旧而又重新熟悉起来的小房间里开始了封闭、克制的僧侣般的生活——最好我还应该有一件僧侣袍,因为每当我穿着"便服"穿过修道院的走廊时,我总会感到与周围的风格相悖。安瑟尔谟神父让我向您致以问候,他还能够生动地回忆起你。他给我带来了所有图书馆的宝藏——要是我不亲自去那里翻找的话。但是长长的一天的主要时间(从每天早上四点开始)是用于工作的。我想在这里一直待到 10 月 25 日。

寂静的山谷披上了秋日的金装,那山崖在蓝色的天空下显得那样分明。

那本劳伦斯的书[①]我还没有全读完,这本书里尽管描绘了很多异国风情但还是充满张力;我指的不是"故事"的发展,而是新气氛的不断被强化的塑造。通篇在一种真实的意义上洋溢着一种"情

---

① 大卫·赫伯特·劳伦斯(David Herbert Lawrence,1885—1930),英国小说家。此处所指的书有可能是《恋爱中的女人》(Women in Love),德译版 1927 年;1932 年由 H·E·海尔里奇卡重译,两个版本均由莱比锡的岛屿出版社出版。

欲";我想说的是：它不是一种游戏，也不是一种单纯的短暂的迷狂；但同时也不是一种对于肉体的廉价的否定和对肉欲的简单舍弃——而是二者兼具的、盛开在极乐之中的花朵。但是，在这里我认为诗人还不够强大和深刻，而这部作品也还不是一部自由的作品，因而不具备真正唤醒的作用。从您的信中我可以推断出，您非常珍视这部作品中的一些画面和瞬间。

我不得不再一次回到告别这一话题上来。是的，"人们"多数时候不需要说什么——但是分别和到来一样，会再一次使得友谊的全部力量和心爱的人的魅力（Zauber）汇聚在一起，一种持续的快乐从中诞生，它赋予回忆以本己的极乐。

在我们最后一天的漫步中，一朵平静的火焰燃烧了起来，并最终化作深深的信赖和安全感。而那一瞬间总是不断重复到来，它让我的记忆中再次呈现出那幅美好的景象：在树下面短暂的休息时，在阳光中幻想着的蝴蝶注视着你美丽的身影。

我经常问自己——而这对我来说也早已成为一个大的问题——没有人存在的自然（die Natur ohne den Menschen）会是什么样的——自然为了重新取得其本己的力量是否一定要经历过人类？

您现在又身处于工作之中了。我真切地希望您不会再度地被迫脱离工作。但是就算它发生了，您也一定——我现在知道——要继续专注于您内心的任务。在有这种责任之快乐的地方，也一定留有一条为您准备的通往可见性和典范性的道路。

为了给您的工作以最终的结构和影响力，愿您可以免受不断增长的状态所带来的持续的烧灼。

随本邮件给您附上一份文献目录,但我并不是很确定这是否会对你有帮助。

怀着忠诚的友谊,

致以衷心的问候

您的马丁

安瑟尔谟神父也给您推荐了另外一些文献。目录我会在以后寄给你。

31

马丁·海德格尔致伊丽莎白·布洛赫曼

博伊龙修道院，1931年10月19日

亲爱的伊丽莎白：

安瑟尔谟神父因为要讲授一门基督教礼拜仪式的课程，暂时无法整理那些值得借鉴的文献中的最重要的部分。

一开始打算给您的专门文献的目录也许对您的帮助很少；而且这些文献的大多数在"海姆布赫"的书中。

所以就选择了一些对您来讲首先可以最原本、深刻地展现修道院制度的意义和内容的文献。

安瑟尔谟神父一直享受着古老的、规律的快乐，并且对于一切在他眼中的事物都抱有一种平静的喜爱。

致以衷心的问候

马丁

[附录]

主要的工具书：

马克斯·海姆布赫，《天主教教会的修会和宗教团体》第二版，三卷，1907/08，许宁出版社，帕德博恩。

原始资料：

罗马的B·胡波图斯，《一生作品集》，修会僧约阿西姆·约书亚·贝尔蒂尔编,罗马,1888年。

毛鲁斯·沃尔特,《修道院秩序要则》,布吕格,1888年。

对天主教本笃教会修道院制度的最新描述:

库特波特·布特勒,修道院院长,《本笃教会修道院制度》,1929年,圣欧弟林(St. Ottilien)传道出版社,上巴伐利亚。

这里的第384页以及以下几页是教会生活的作家名单(特别是那些您应该首先读一下的作品)。

史蒂芬·希尔比施神父,《本笃教会修道院制度史》,弗莱堡,赫尔德出版社,1929年。

莫林,《修道士典范》,马雷德索斯(比利时),1932年。

拜耳利赫,《修道士规则》,马雷德索斯,1912年。

32

马丁·海德格尔致伊丽莎白·布洛赫曼

弗莱堡,1931 年 12 月 20 日

亲爱的伊丽莎白:

您现在又回到了故乡准备同您的父亲①一起庆祝圣诞节了。我们会搬到木屋里去,在那里期待着圣诞节所带来的全部乐趣。

为了纪念今年的初秋,同时也为了让您在静静地审阅中度过这个假期,我将阿德伯特·史迪夫特(Adelbert Stifter)的《初秋》寄给您。您知道,尼采喜爱这部著作胜过其他所有著作。而我们也可以通过对这本书的比较来猜测,这个他的寻找和发问必须要深入进去的世界看起来是怎样的。

本学期的前半部分我是在出色的闭关工作(geschlossener Arbeit)中度过的。完全系统拟定的关于真理的本质的讲座②从一开始就是以历史为脉络的,而这也将保持下去。我想以此说明,我对于这个问题的发展是建立在对柏拉图的文本的一个完全具体的解释之上的。

这一点对我来说变得越来越清楚了:我们西方哲学的开端必须再次变为当下以及它该如何变为当下,这样,我们从典范中才能够再次学习到,并非所有人对于任何随便一个人,或者任何随便一

---

① 海因里希·布洛赫曼(Heinrich Blochmann),法学家,检察官。逝世于魏玛。
② 《论真理的本质。关于柏拉图的洞穴之喻和泰阿泰德篇》,1931、1932 年冬季学期。现收于《海德格尔全集》第 34 卷,1988 年。

个人对于所有人都拥有权利和地位；当存在者不拥有他的规则、他的地基、他的起源和他的等级的时候,存在者也不存在。

我对今天的哲学研究也存有越来越多的疑问,今天的哲学研究已经同希腊人的那些源初问题的朴素的分量(die einfache Wucht der ursprünglichen Fragen der Griechen)之间存在有如此的距离了。希腊人正是在这些问题之中奋力获得了人的本质,在这本质中有着世界的浩瀚和一个人存在的深邃。

我们必须首先再次学习沉默(schweigen),并且完成长久的沉默,为了重新找到语言的力量和权力(Kraft u. Macht)和可以和应该被言说的东西的尺度。

我不相信我们可以重新找回我们自己,只要我们还亦步亦趋跟随着"今天的境况"(heutige Situation),而不是怀着这样一种认识——在我们能够作为实存者(Existierende)存在的东西里,必须让古典时代中我们本质的历史的开端言说——对"今天的境况"不加理睬。

今天的人不再懂得从自身开始,因此他最终臆测所有一切,也因此变成了偶然当下的愚者。

我非常好奇于您的关于教育方法的论文①。对于我们这些只是通过言说来进行教育的人来说,那些本质的事物该怎样和在怎样的程度上被说出,就是一个特别的问题了。在这一学期我再次获得了这样的经验——它使我久久不能心安——间接地说出的东西最为确定地击中关键,而且我们一直还是太过于低估了榜样的力量,并过少地进行真正的树立榜样的工作。

---

① 类似信中提到的文章直到1950年才发表于《文汇》,第五年度,第712页即其后。

在哈勒教育学院的工作进行得怎么样了？这位施瓦本来的年轻讲师是否经受住了考验？

爱尔福丽德和孩子们都很好，我们的家一年比一年舒服、漂亮、温馨。花园也一样，梨树下的那片地方，在那里您曾经休息过一次，现在变得更加宽敞了，这样花园就完全获得了建筑学的美感。

亲爱的伊丽莎白，我祝您度过一个美好的圣诞节，并怀着忠诚的友谊衷心地问候您。

您的马丁
并致以爱尔福丽德和孩子们的衷心问候

33

马丁·海德格尔致伊丽莎白·布洛赫曼

弗莱堡，1932 年 3 月 24 日

亲爱的伊丽莎白：

这封信迟迟没有发出这一事实并不适宜向您表明，我在写这封信的时候经常处于思考之中。您邮给我的奥特加的书①带给了我巨大的快乐，这令我感激不尽。

您将这样的东西赠予我这一行为比这著作本身更令我高兴。您的犹豫迟疑更给予了这份宝贝以不可磨灭的光辉。

我从这本书的寄送中感受到的您内心中克制的自我思索，自那以后一直紧紧地攫住了我。关于内容我不想具体谈了——正如您已经看到的，许多东西把握得不够深刻，特别是遵循生物学内容的做法有失偏颇；我不想借此表示，感性的东西应该被排除出去；相反，只有当我们首先摆脱了"理念"(Ideen)并以另一种眼光看待人的此在之时，我们才可以理解理想的亲身性和力量(Leibhaftigkeit u. Kraft des Ideals)。

但是这观念和态度是好的，虽然在希腊世界面前这一切还显得有些渺小。

所有这些不过是附属的、偶然的东西，它们不会产生触动，也与您和这些一起告诉我的内容以及同时提出的要求没有关系。然

---

① 可能是指奥特加·y·加赛特(Ortega y Gasset)的《我们时代的任务》。由恩斯特·罗伯特·库奇乌斯(Ernst Robert Curtius)作序。由海伦娜·韦耶尔(Helene Weyl)从西班牙语版翻译。斯图加特，1930 年。也有可能是指《关于爱·沉思集》，由弗里茨·恩斯特(Fritz Ernst)和海伦娜·韦耶尔合作从西班牙语翻译，尽管这本书的官方出版日期是 1933 年。

而我们最后一次,或者不如说第一次漫步的图景始终伴随着这样的沉思和您近旁的确知性。而在这几周里我常常这样想,我们的相聚在人一生的短暂、易逝之中是多么难得而微不足道啊!

如果我年初请您来滑雪的话,就太过自私了。这完全不是因为雪情不理想。从圣诞节到三月初我们一直没有外出。而且我还完全忘记了考虑您的胳膊,滑雪对之来讲会是一件非常冒险的计划。我的一个女学生,她处于完全相同的境况之中,并且早些时候已经滑过很多次雪了,而且经常进行别的体育锻炼,但现在被严格地禁止去滑雪了。所以我不敢将在冬天的时候带您来黑森林这一愉快计划付诸实施。

我从3月3日起独自一人在小木屋上呆了三周,有两个星期天爱尔福丽德带着孩子们来了,孩子们还有课呢。我自己独自栖居,做饭,等等。这三周的工作是非常有成效的,特别是我在学期末精力非常的充沛。其中三天也下了非常美妙的雪,这样使我得已做了好几次很不错的旅行。

现在我们都在山下,静候着春天的到来,而春天来得总是这样羞涩。四月中旬我还要去科隆或者法兰克福,因为舍勒的遗稿,这是我正在着手做的并已经花费了我几周的时间。

您是想一直待在哈勒,一次也不来南方了吗?或者我们可以四月份在路上见?对此我会很高兴的。您四月中旬会在哪里?

我和爱尔福丽德带着无比的快乐和惊奇读了您纪念凯尔岑史登纳的演说辞[1]。和通常的充满文采的悼词不同,您从生动的活动

---

[1] 伊丽莎白·布洛赫曼:《格奥尔格·凯尔岑史登纳——一幅人的画像》(Georg Kerschensteiner-Ein Bild des Menschen),收于《国民学校》,第27卷,1932年,第1037页。

和共同工作中出发，凭着对于同一份使命和责任的内心深处的联系，也就是借助于对事物的真正了解来组织语句。而我相信我能够感觉到，是女性的视角使那些本质性的东西对您来说变得更加形象化。这些写作的尝试使我更加迫切地希望有一天可以从您的讲课和与之相关的东西中获得更多的认识。

希望您在学期末的工作不会太重，不会太紧张，这样您能够以轻松的心态为下学期的工作喘一口气。自从我每天只读两个多小时的书之后，我就体会到事情可以变成完全不同的一个样子。为讲课所做的工作并没有减少——正相反——但是人们可以更加稳妥地用多出的时间来工作——而这实际上是真正的讲座课的前提——这样人们甚至能够在此之外闭口不谈很多绝非不重要的东西。当我们从这种沉默出发去言说时，那真正的确定性才接近了事物。

我们愉快地度过了冬天并从孩子们身上获得了许多乐趣——通过他们的成长和他们对自立和自我意志的获得。约格现在在花园里建了一个小作坊还有一个木工刨台。两个孩子也已经做过帆船旅行了。我们打算在圣灵降临节的一周里一起去划船，当然是在安全的水域。您是否打算在秋天也做一次帆船旅行？

我会在另一封信里和您谈工作的事情。

怀着真挚的友谊，
您的
马丁

34

马丁·海德格尔致伊丽莎白·布洛赫曼

1932年4月10日,弗莱堡

亲爱的伊丽莎白:

谨以这封信作为您四十岁生日的纪念。在这里,"祝一福"应该是什么,对我来讲还不清楚。在这一刻我们不能让自己祝愿什么,因为我们开始预感到,生命在它那一刻赢得了自身应有的价值并获得了光辉。只有在这种光辉之下事物才能向我们言说,向我们提出要求;在此之前我们一直都浑浑噩噩地处于偶然的陌生要求或者执拗的意图之中。但是现在,这些年来,希腊人称作 ἀκμή① 的东西已经渗入我们的此在了。那刀刃之上,一切东西都相互分离开来并做了抉择,在这里,个体的特殊性意图在总体上变成一种重要的东西。

在您的上一封信里,我能够听到为了这宝贵时光的开端而发出的内心的欢呼声。

您最终所获得的快乐超过了第一届学生带给您的乐趣,在其中行动不再依靠任何东西,也不再依靠这最后的分离,通过这分离我们才可以超越这一切并赢得教育者的位置。当我们不再去说我们想说的话,而只是传达那些来自于没有说出的东西中的对学徒有益的东西的时候,劳作的力量和确定性才真正到来。然而人们必须积攒巨大的财富,为了能够对其中重要的东西保持沉默,不

---

① 词义包括:刀刃;手指、脚趾;顶峰时期;精力。

是出于嫉妒,而是为了保持领先的优势。因此现在我想要祝福您:愿那拥挤和缭乱并没有掩盖住那份能够从中生长出真正作为的瞬间的孤寂。

祝您在展开新的工作之前有一段美好的平静时光。

致以诚挚的想念和问候

您的马丁

不久前我忘记了向您提一下"尼采,读着阿达尔伯特·史蒂夫特的信"①,收于《阿里阿德涅》(尼采研究会年鉴),慕尼黑,1925年。

---

① "尼采,读着阿达尔伯特·史蒂夫特的信",恩斯特·贝尔特拉姆(Ernst Bertram),出处如信中所述,第7—26页。

35

马丁·海德格尔致伊丽莎白·布洛赫曼

1932年5月25日,弗莱堡

亲爱的伊丽莎白：

您的来信告诉我,我关于真理的那些演说①在您那里引起了共鸣。

因为,您求助于"行动"(Akt)的行为,不是一种"偏离"(Ableiten),即便您在面对让—存在(Sein-lassen)的态度时强调"主动性"(Aktivität),这也不是偏离。这尤其在一种很深的意义上属于哲学的真理,关于这些真理在那里故意没有特地加以谈论——那种让—存在在一种决定性的筹划(entscheidender Entwurf)中构造了存在者的全体,其中有着最强的暴力性与统治。

我的演说来自于这种立场并仅仅提供了一个对那条依旧狭窄的道路的概览。因此还有许多东西直到进入组织语言的阶段(in die sprachliche Formgebung)时依旧带有必要的粗暴。从另一个方面讲,本质的东西同古代哲学隐藏的基本目标有一种最内在的联系。也许您会有时间和兴趣去读我冬季学期的讲演课讲稿(《论真理的本质》),它已经打印出来了。

---

① 《论真理的本质》,与海德格尔1931—1932年间冬季学期的讲演课主标题相一致。海德格尔1930年秋天和冬天曾在不莱梅、马堡、弗莱堡做过这一主题的报告,并在1932年夏天在德累斯顿再次讲授。海德格尔在1932年4月10日祝贺布洛赫曼生日的信中将这份讲稿的精装打印稿一并寄给了布洛赫曼,并加上了作为副标题的献词"敬贺布洛赫曼四十岁生日"。这份讲稿于1943年首次以单行本出版。现收于《海德格尔全集》第9卷,1976年,第177页至202页(《路标》)。

我猜想,教育—"目的"(Erziehungs-„ziel")是什么,已经是一个不可能的问题了。您关于弗吕波尔的文章①让我更加清楚了您在探寻的是哪个方向。

我对于您现在讲演课主题的相关文献没有更多的了解。一部非常有用的三卷本巴赫奥芬选集②在雷克拉姆(Reclam)出版了:关于原始宗教和古代符号。您是知道的,其中很多内容正在被争论。所使用的方法并不是普遍适用和令人信服的,但尽管如此作者仍然看到了若干重要的东西。关于巴赫奥芬自身,有一部非常不错的由阿尔弗雷德·波伊姆勒(Alfred Baeumler)编的小册子《J.J.巴赫奥芬,自传和关于自然法的就职演说》(《哲学与精神科学》,罗特哈克(Rothacker)编,新版第五卷),哈勒:尼迈耶出版社,1927年。

原计划在四月份举办的舍勒学会会议现在调整到圣灵降临节的那一周了。这使我非常疲劳,另外我注意到,我很难忍受得了大城市。顺便说一下,您认识盖尔普③(Gelb)吗?他现在在哈勒主讲心理学,我很看好他,并相信他有一天能够写出一部新的、生发于

---

① 参见第27封信的注释。另参见:伊丽莎白·布洛赫曼,《幼儿园》,收于《教育学手册》(Handbuch der Pädagogik),赫尔曼·诺尔(Hermann Nohl)和路德维希·帕拉特(Ludwig Pallat)主编,兰根萨尔察,1928年,第4卷,第75页及其后。《纪念弗里德里希·弗吕波尔》,收于《国民学校》(Die Vorksschule),第28年度,1933年,第51页及其后。弗里德里希·弗吕波尔(1782—1852)发展了裴斯泰洛齐(Petsalozzis)的教育理念,并主要推进了幼儿教育学的发展。

② 约翰·雅克布·巴赫奥芬(Johann Jakob Bachofen):《原始宗教及古代符号》(Urreligion und antike Symbole),是其三卷本著作的系统编排的选集,卡尔·阿尔布莱希特·伯恩诺尔利(Carl Albrecht Bernoulli)编,莱比锡:雷克拉姆出版社,1926年。

③ 阿德海马·盖尔普(Adhémar Gelb)1887年11月18日生于莫斯科,1936年8月7日卒于法兰克福,哲学家,心理学家。1919年于法兰克福大学任编外讲师,1924年晋升副教授;1931年于哈勒大学任正教授,1933年退休。《心理学研究》(Psychologische Forschung)编者之一。

新的生理学的完全不同的问题域中的心理学。他现在也在科隆。

如果您能够来魏玛，那将因为很多原因而变成一件美好的事，我也会尤其高兴。届时我们也可以讨论一下夏天的计划。冬天我想出去旅行，我希望这股热情能够保持下去。

致以衷心的问候，
怀着诚挚的友谊
您的，
马丁

36

马丁·海德格尔致伊丽莎白·布洛赫曼

1932 年 6 月 11 日,弗莱堡

亲爱的伊丽莎白:

我对那两日美好时光的衷心谢意到来的有些晚。回到这里我立刻感冒了,因此必须继续取消接下来的讲演课和练习课。今天一切依旧,除了不再流鼻涕。

早在星期一上午在魏玛的时候我就已经着凉了,而且因为那下个不停的雨,游览城市也没什么意思。

现在我就清楚了您住在哪里,您的工作如何进行。当我对您遥远的当下更加熟悉的时候,这幅图景现在就更丰满了一些。这些了解不仅仅是根据你的境况与环境,而且我现在还知悉了您年轻心灵的情绪的样貌。您带我去了布莱勒街①,那一刻对我来说,仿佛您赠给我了一个古老的、装满珍宝的小首饰盒一般。现在我也对您的少女时代有了一个认识,我现在可以很快乐地想象到一个每天清晨满怀期待地走在上学路上的女孩——好奇着是否会有一个大个儿的梨子从那株老树上掉下来——

然后就是那处美丽的——有些奇怪的,满是绿色的公墓,关于它您说了一句话,那句话我很难理解。

之后我看到的是仿若歌德笔下的风光与天地——

---

① Prellerstraße,魏玛的一条街道,是伊丽莎白·布洛赫曼父母曾经居住的地方。

您了不起的父亲和忠实的姐妹——

所有的这一切我都无法忘却，它们就如我在这次旅程中一路采撷的花朵一般。

而最美丽的那朵花——它现在依然绚丽并继续绽放着——就是您的理解和看过我的著作之后，能够马上以您自己的方式接纳的明晰。

就是这份理解，我还可以将之带入到最本己的工作的巨大孤寂(die große Einsamkeit)之中；尽管这种孤寂不会变得更加容易承受，它也是不应变得更加容易承受——但是这就像一座桥梁，通过这座桥梁创作(das Schaffen)仍旧会回到岸边——

我们没有对政治的东西①达成一致，这不会动摇我们的友谊，而只会是一种考验甚至巩固。

荷尔德林曾有这样一句诗："人毕竟是喜爱当下的"(Doch Menschen ist Gegenwärtiges lieb)。我不敢重复请求您，秋天在我开始一个全新的阶段之前相见；因为这是一种"自私"，而且对您来说是一个无法实现的无理要求，如果您必须要去波罗的海的话——也许也因为你的姐妹。

您是现在要我的讲稿还是等到假期的时候？

---

① 关于伊丽莎白·布洛赫曼的政治立场，她的传记作者莱昂哈德·弗律泽(Leonhard Froese)这样写道："魏玛是伊丽莎白·布洛赫曼学业和性格的第二契机：她自由—民主的思想和立场。当希特勒获取权力之后布洛赫曼决定离开德国，这一决定的最终根源便在魏玛；出于同样的动机，在二战结束后，德国明显表现出重新走向民主之路的意愿时，布洛赫曼重返德国。"见莱昂哈德·弗律泽:《伊丽莎白·布洛赫曼(1892—1972)，教育学女教授》，收于《二十世纪前半页的马堡学者》，英格博格·施纳克(Ingeborg Schnack)主编，马堡，1977年，第43页。

致以衷心的问候，
怀着诚挚的友谊，
您的马丁

爱尔福丽德和赫尔曼已经平安抵达了叙尔特岛上的兰土姆区。

37

马丁·海德格尔致伊丽莎白·布洛赫曼

1932 年 6 月 22 日,弗莱堡

亲爱的伊丽莎白:

感谢您给我写来了这封信。

我要说的这些话,不是为了辩解,而是要澄清一下。

"水平"(Niveau)和"程度"(Maß)本身是不存在的;他们不是任意一个内容的可分离的形式。一些事物(Dinge)恰恰采取的是另外的一种等级秩序(eine andere Rangordnung)。这种类型的"政治"——它目前在所谓的"人文学者"中间被大量探讨,关于这些讨论有着接踵而至的论文和伦理学——只是一个从一种自由主义中生发出来的单纯的文学事件而已,这种自由主义只认得在"教育"的范围内归属于它的事物。

从另一个方面讲,我绝不是说"政治"及诸如此类的谈话自身也必然是没有尺度、没有等级的。

所有那些归根结底涉及布吕宁①和中央党的谈话都露出了党派政治的苗头。我却不这样看中央党,而是看到了"罗马"——"莫斯科"和——是的,我要说"和"——希腊人,尼采曾说过,唯独德国人可以和希腊人一决高下。

---

① 海因里希·布吕宁(Heinrich Brüning),1885 年 11 月 26 日生于明斯特(Münster),1970 年 3 月 30 日卒于美国诺维奇(Norwich),魏玛共和国的政治家,天主教中央党的成员,1924 年至 1933 年任德国议会议员,自 1929 年起担任中央党党团主席。1930 年 3 月任总理;在其任职期间主导了紧急命令,并支持德国总统;1932 年 5 月被兴登堡(Hindenburg)免职。1934 年移民英国,后移民美国。

我并没有指过去两年的中央党的政策，而是指的中央党——除了天主教教会和它的财产，这些东西有所不同——，我从很久前的少年时代就对它有所体会。对此在这里没有必要多谈。对此俾斯麦曾在他的《思考与回忆》中这样写道，"我有这样的印象，政党和议会党团的精神要比教皇还要强大，因为天命（Vorsehung）将这精神授予了中央党，而非其他民族的民族意识"。

也许共产主义及诸如此类的思想是恐怖的，但却是一件清楚的事情——而耶稣教会——请原谅——却是恶魔般的（teufisch）。

您可以想一下，那出了名的对中央党的宽容将人们带向了哪里？而中央党作为天主教的文化力量在过去的十年里究竟做了什么呢？促进了自由主义和大范围的平均化——平均化目前所采取的方式是降低尺度，或者，更危险的，也是被有意推动的——是将尺度提高到了一个特定的为人们所牢牢掌控的平庸水平上。

我知道，所有的这一切都将我带入到了狂热之中，因为这将我直接地又置于斗争之中，在这种艰苦的境况之下，这斗争很难再坚持到底了。

然而这一切也并不是关键性的。我本可以让一切产生完全不同的效果。因此您，我亲爱的朋友，您在关键的问题上是对的。感谢您给我说了这些。您的友谊对我来说变得更加真切了。

其他事情下封信再谈。

衷心地问候您，
您的
马丁

另外，爱尔福丽德和海尔曼过得非常好。

我很想给您的父亲写一封明信片，但是我不知道该如何称呼他。

38

马丁·海德格尔致伊丽莎白·布洛赫曼

1932 年 9 月 18 日

亲爱的伊丽莎白：

非常感谢您写来的详细的信还有明信片。听起来您的假期过得很不错，我也很高兴。我一直以为，您的工作直到十月份才开始呢。

同保罗·法布里修斯①的会面非常奇异。我很喜欢他，并且我们一起去滑过好几次雪了。如果您了解他的家庭的话，就不会感到稀奇了。他其他的兄妹也是我们小木屋最受欢迎的客人，他的父亲在我还是编外教师的时候就是我的父亲一般的朋友和榜样了。

我现在已经在小木屋住了四周了。一开始我们还全都在山上；逐渐地人们离开了。到了开学时我已经独身一人了。所有的访客和其他人在弗莱堡就已被我婉拒了。邮件当然也不会送上山来，因为没人知道我在哪儿。我想要在山上一直待到圣诞节，实际上也就是接下来的几个月都在山上。这个秋天我就不去博伊龙修道院了，因为我不想打断我工作的时间。而且重要的是，我在这里

---

① 保罗·法布里修斯（Paulus Fabricius），海德格尔一家人在弗莱堡的朋友，历史学家恩斯特·法布里修斯（Ernst Fabricius）的儿子。恩斯特·法布里修斯，1857 年 9 月 6 日生于达姆施塔特（Darmstadt），1942 年 3 月 22 日卒于弗莱堡。历史学家，1888 年起任弗莱堡大学教授，1926 年退休。曾任古罗马帝国界墙研究委员会（Limes-Kommission）主席。

要比在修道院时孤独多了。到目前为止,过去的几周都很美好,但是我已经全副武装起来了,来应付任何天气:不管是暴雨、雾、雪还是晴天。一开始我聚精会神,让所有的事务到来——有些奇特的是——或者也并不奇特,一旦我在山上完全沉浸在那份孤寂中,一切都向我扑来,包括之前几周工作里的情绪、问题和立场。我至少有这样的感觉,仿佛一切又重新生长起来了。

傍晚的时候我会去施杜本瓦森峰或者伐木溪谷,那里是欣赏贝尔辛山(Belchen)美景的最好地方。我已经在盘算着夏天的徒步旅行了。

我目前在研究我的手稿,也就是说我在读我自己的东西,不得不说,这样不论在积极还是消极的方面都要比阅读其他的文献有更多的收获,反正我已经很少有兴趣和机会去读那些东西了。

您要柏拉图的《国家篇》干什么?您知道保罗·文德兰[1]写的一篇文章吗?是关于柏拉图国家学说的发展和主旨的。可能是在《普鲁士年鉴》1902年那期上?

在我还在山下的时候,我用一个下午的时间去拜访了海姆波尔(Heimpel)女士[2]和维尼格(Weniger),维尼格当时在黑森林做疗

---

[1] 保罗·文德兰(Paul Wendland),1864年8月17日生于东普鲁士的荷尔施泰因,1915年9月10日卒于哥廷根,古代语文学家,1902年任基尔大学教授,1906年任布雷斯劳大学教授,1908年任哥廷根大学教授。

[2] 伊丽莎白·海姆波尔(Elisabeth Heimpel)博士,原姓米歇尔,1902年4月26日生于曼海姆(Mannheim),1972年4月30日卒于阿尔特格拉斯许顿(Altglashütten),教育学家,1928年嫁给了历史学家赫尔曼·海姆波尔(Hermann Heimpel)(参见第79封信的注释)。是伊丽莎白·布洛赫曼的朋友。二人1945年之后共同协助赫尔曼·诺布创建了杂志《文汇》,并在之后参与了1—8年度的编辑工作。1961年之后又继续在哥廷根参与了《文汇》的续篇《新文汇》(副标题:《哥廷根文化教育报》,1969年第9年度开始更名为《哥廷根教育与社会杂志》)的创办与编辑。

养。维尼格已经延长了假期,以便于来山上,但是我没有获得进一步的消息。

我还不想那么快去中德地区——或者说我根本不想从我们这个角落出去——因为我想要在明年夏天全神贯注于工作。

人们已经在思考和谈论我打算写《存在与时间》的第二部了,这听起来挺好的。但是,《存在与时间》的第一部对我来说曾是一条引导(irgendwohin führte)我去向某处的道路(Weg),这条路现在再无人行走,那里已经长满了荒草(verwachsen),所以我完全不能够写《存在与时间》第二部。我根本不写书了。

事情将会怎样进行,希望我能很快再写信告诉您一二。而现在我只希望您有一个不错的学期开始,并希望您在哈勒的生活不会变得太过绝望。

致以衷心的问候
您的马丁

39

马丁·海德格尔致伊丽莎白·布洛赫曼

1932年10月5日,木屋

亲爱的伊丽莎白:

昨天夜里下了第一次霜。早上起来,山地草场,牧场和森林一片白茫茫的。空气也变得寒冷起来。白天空气中弥漫着烧土豆枝叶的味道,农民们长时间地弯腰站在山地田野上挖掘着。秋天已经到来了,天气开始冷了,晴朗的天气里也总是会有灰色的、却几乎透明的雾霭。山地草场最后残存的耀眼绿色也在那时看起来灰蒙蒙的了。牧场上也灰黄一片,也不再有牧群了。

今年的这个秋天对我来说是一番别样的景致。这肯定并不是因为死亡、衰落和逝去——尽管秋天是一个去向新的勃发之开端的坚定沉默的逐渐熄灭的积累能量的转变过程。这大概是创造性的、充满神秘的工作的隐蔽性。您温馨而美妙的生日问候——我是指罗丹的遗书(Rodins Testament)——正触动了我的心绪并在我内心深处回荡。

这不只是为雕塑家和画家们写的——尽管在我工作的时候也会有这样的感觉,仿佛手持锤子和凿子在雕琢一般。

"Travailler avec acharnement."——带着不退让的勇气去劳作。

Le grand point est d'être ému, d'aimer, d'espérer, de trémir[①], de

---

[①] 据罗丹的原文应该是 frémir,法语里没有 trémir 这个词,这里可能是海德格尔的笔误或是出版时的印刷错误。

vivre.然而这部遗书中最为精彩的却是在其中没有被说出来的部分。亚里士多德曾经提出过这样的问题:"为何所有那些取得突出成绩的男人们——不论是在哲学、政治、诗歌还是造型艺术领域——都明显地带着忧郁?"罗丹对此给出了一个没有说出的答案。然而我们对此也不必过多思考。遗书让我们记住:让风帆牢牢地吃住风,哪怕是在风暴即将到来的时候。这几页纸现在已经属于我书房的一部分了,也成为对您心灵的当下的羞怯回忆和对您的友谊的不尽感激的原因。

您痴迷于希腊的世界,这令我感到高兴。读一下柏拉图的第七封信,有一份这封信的希腊文—德文对照版①,是由霍瓦尔德(Howald)编的,由一个苏黎世的出版社出版。

窗外有辽远的星空——和狂风。

衷心地问候您,
您的马丁

---

① 《柏拉图书信集》(*Die Briefe Platons*),恩斯特·霍瓦尔德(Ernst Howald)编,苏黎世,1923 年。

40

马丁·海德格尔致伊丽莎白·布洛赫曼

1932年12月19日,弗莱堡

亲爱的伊丽莎白:

您现在已经准备马上去魏玛了,为了在那里缓解一下学术研究工作给您带来的无疑的疲劳。这样我也知道了您在哪里过圣诞节。这些天我"只"给您邮一些希腊文的书,因为我想这样也许可以使柏拉图《国家篇》的世界对您来说变得更加鲜活。尽管它现在会变为同古代背道而驰的潮流,尽管这潮流风行于工作和意愿都值得肯定的人们中间;我想到了《行动》圈子里的那些人①。我无论如何也不可能相信新教的这种臆想的革新。一旦涉及古代时,这些人就将原初的古代和较晚的前基督教的罗马几乎是很可笑地混淆了,而这些之后就决定了德国高中的"世界"。

我愈加努力地投入到自己的工作之中,每次也就愈加确定地被迫回到希腊人的伟大开端。我也经常犹豫,放下自己所有的尝试,为了表明这一事实而发挥作用是否更加重要,即这个再次站在我们眼前的世界不是仅仅需要去接受的对象,它具有令人受到启

---

① 杂志《行动》(Die Tat)最早创办于1909年,开始是哲学—新教的杂志,后于1912年由出版商欧根·狄德里克斯(Eugen Diederichs)接手。1929年至1933年8月,在由汉斯·策勒(Hans Zehrer)接任主编之后,《行动》杂志的路线立刻转向民族—保守主义和反资本主义。其他编辑者有F·F·齐默曼(F.F.Zimmermann)(笔名:费迪南德·弗里德 Ferdinand Fried),E·W·艾什曼(E.W.Eschmann)(笔名:利奥波德·丁格莱沃 Leopold Dingräve),H·格律内贝格(H.Grüneberg)和G·维尔兴(G.Wirsing)等。参见库尔特·桑特海姆(Kurt Sontheimer):《行动的圈子》,发表于《当代史季刊》,第7年度,1959年,第229页至260页。

发和触动的伟大和榜样性。然后我又发现，正如这项任务没有那些与大师的对话就不可能一样，没有了我自己的工作也不行。

不久前齐特尔①给我邮来了他关于"学院"的文章。我还没有通读完。许多观点要比人们至今为止认识到的更有建设性、更系统。我只担心那些站在权威位置上的人不能够像一切变化着的事物所要求那样，去提前思考、预见。

如果今天系里重要的事务完成了的话，我明天就会回木屋去，爱尔福丽德和孩子们随后也会去。谢谢您为玛利亚·凯勒（Maria Keller）写的饱含深情的悼词②。

怀着衷心的友谊
向您致以问候
您的马丁

顺便向您的父亲和姐妹致以衷心的圣诞问候。

爱尔福丽德向您问好。

---

① 赫尔穆特·齐特尔（Helmuth Kittel），新教宗教教育家，1902年4月11日生于波茨坦。曾在多所师范类高校担任教授。1937年于明斯特大学担任正教授。其著作《成为国民教师的道路》（*Der Weg zum Volkslehrer*）出版于1932年。

② 伊丽莎白·布洛赫曼：《玛利亚·凯勒悼词》，发表于《教育》，第8年度，1933年，第77页及之后。

41

马丁·海德格尔致伊丽莎白·布洛赫曼

1932年12月22日，木屋

亲爱的伊丽莎白：

这真是一份圣诞节的惊喜。我们都很期待着您的到来（否则木屋里就没人了）。前几周山上的气温反常，俨然一副夏天模样，也很久没下雪了，但很快就会有雪了。前几周，部分是因为一些重要的系里事务使我必须待在山下。

关于装备：

（1）质量好的、结实的滑雪靴，要宽松到您可以穿上两双长筒袜和短袜；能够把袜子翻出来是很重要的，这样在山上雪就不会灌进鞋里了。

（2）一条滑雪裤，要光滑面料的；可以不必带全套的滑雪服，一件光滑面料的裙子［插入：］（不要太长）加一条深色的暖和些的衬裤也可以。

（3）一顶带护耳的便帽。

（4）一双外面光滑，带衬里的连指手套。

（5）围脖。

（6）防风夹克。

（7）一副滑雪板，长度大约在伸展双臂可以自如地触到滑雪板顶部那样。

（胡伊特菲尔德式固定器）［插入：］在买滑雪板时要注意，滑雪板接地面上面的纹路要和两侧的边缘平行；要买桦木的滑雪板，别的太重了。

鞋的大小要和滑板相称。

（这些也有可能在来到山上之后再改进）

（8）滑雪杖的长度要能够到胳肢窝，雪轮以下不要太短。

（9）旅行背包不要太小！

您干脆就直接穿着运动装来旅行，那样就不用带箱子了。您肯定是要在弗莱堡过夜的，可惜我们的房子已经锁上了。您可以第二天早上乘坐邮车，8点从火车站出发到辛德尔拜希勒（Schindelbächle），我到那去接您。这样最早也会在12月28日了。请您给我更确切些的消息。

　　　　　　　　　　　滑雪万岁！向您的家人问好
　　　　　　　　　　　我们一家人向您问好
　　　　　　　　　　　　　　您的马丁

42

马丁·海德格尔致伊丽莎白·布洛赫曼

1933年1月19日,弗莱堡

亲爱的伊丽莎白:

对于您的到来我确实曾感到很高兴,但是您没有来,我也不会"生气"的。而我最多也只是因为您担心我会生气,现在才不得不对此有些情绪。

这完全不像一个冬天,这段时间有灿烂的阳光,对于我们来讲是一段很好的休养的日子,尽管对您有所裨益,但既不适合旅行也不适合于您达成自己的目标。所以我那等待的喜悦也慢慢地消退了。您写给我的亲切的圣诞祝福,还有美丽的希腊的照片也帮助了我,对此我向您致以由衷的感谢。这些之所以发生得迟了,有特殊的原因,前几周在我划船的时候有阵风暴袭来,我冒险张起了满帆。这样,船上的许多旧索具都崩断了。即便是修补也无济于事了。

雪下的总是刚刚好的样子,不只是这些,还有整个书房的失误——各种各样早先的手稿,让我提前去城里居住。我的书房还有整个屋子还有它的那份宁静有它们的力量。在山上发芽、生长,而在我山下的书房里结出硕果。但是我需要更多的种子和嫩芽,让它们在三月的阳光和风雨之中成长。这种对它们的等待,这种不强迫,是非常漫长的。这些是这几个月来真正的重大收获:为劳作着的无—为(Nichts-tun)和让到达(Ankommenlassen)准备的活动空间。尽管这样的活动空间任何时候都必须在场,但它毕竟会被学期工作所打扰并被牵扯到当下的需要里面去。也缺少长久的怀疑的时间,一切,尤其是带着陌生的力量向我涌来的东西,都需要经历这样的怀疑。

希腊神庙和神像的那些废墟和碎片正如他们哲学古老箴言的遗存和残篇一般。如果我们能够将所有这些完好无损地继承下来,将会是怎样啊!那样的话我们早已在熟习和空洞中领悟了一切。所以必须在这些遗存下来的东西上燃起占有的斗争,我们必须将这个开端——它为黑暗与疑问所包围——连同其完整的伟大向前转换(umtragen)为应该成为我们任务的东西。这两者,开端与任务是相称的,只有可以覆盖了这个广度的人,才有能力在这里共同创造。而今天的人最多不过把前天的事情挂在嘴边当做爱好,且只能嗅到后天。所有的这些目光短浅的行为都是经不起考验的。

我们还没有瓦尔特·鲍尔的照片,却收到了一盒蜡烛,很有可能是从某个办公室邮来的,按照一份写有其他名字的名单发送的。没有再收到其他东西。很遗憾——

2月末3月初是这里滑雪的最好季节。我也很乐意依照您的计划一起去滑雪。晚冬阳光下深雪覆盖的黑森林是美妙无比的,也就此歇笔吧。

怀着真挚的友谊
您的
马丁

43

马丁·海德格尔致伊丽莎白·布洛赫曼

1933年2月9日,弗莱堡

亲爱的伊丽莎白:

您来黑森林的计划怎么样了?就目前估计,一定还会下一场不错的雪,但是这里却如春天一般的温暖!今天甚至有一只椋鸟在梨树上筑起了巢!

前些日子我们一家人轮着患了流感,轻微的。假期——事实上的假期——很快就要结束了,但我还根本没有考虑下学期的事情。

海姆波尔女士很想见您一面,如果您来的话,她也许会拿出几天时间陪您滑滑雪。我们也不会一直滑雪,所以有时间我们可以一起阅读一下《斐多篇》。

不论怎样,您能来这里我们很高兴。也许您可以给我们简短地写一封信告诉我们是否还能够成行,这样我们可以及时地准备一下。

致以衷心的问候!

您的

马丁

44

马丁·海德格尔致伊丽莎白·布洛赫曼

［明信片正面：弗莱堡（布莱斯高）。在吕特布克的房子，花园一侧］

1933年2月19日

亲爱的伊丽莎白：

我们非常期待着您的到来。请您把准确的抵达时间告诉我以及您打算什么时候以怎样的方式和海姆波尔女士、布洛克（Brock）女士①和格尔特鲁德（Gertrud）②会面（卡尔③这两周以来又病了）。如果我们马上可以在星期五来到山上的话，那当然是很好的了，这样我们就不会卷入那些周末的忙碌中了。除了身体的锻炼以外，您一定还可以享受得到灿烂的阳光。

我们向您衷心地问好！

您的马丁

---

① 参见第57封信注释。
② 卡尔·里波的妻子。
③ 卡尔·里波（Karl Lieber），爱尔福丽德·海德格尔青年时期的朋友，后来供职于弗莱堡大学的医疗卫生研究所。威斯巴登（爱尔福丽德父母曾经居住的地方）的新教牧师里波的儿子，1917年海德格尔夫妇在弗莱堡举行了天主教的婚礼之后，正是神父里波又在威斯巴登为二人主持了新教婚礼。

45

马丁·海德格尔致伊丽莎白·布洛赫曼
［明信片正面：海德堡，老内卡河大桥和城堡］

1933 年 3 月 22 日，海德堡

亲爱的伊丽莎白：

前些日子雅斯贝尔斯请我去他那里谈一谈"精神的境况"（geistige Situation）①。我还希望在开始行程前能给您写封信，但是我做不到了；而且即便在这里我也抽不出空来。今天我只想对您说，您上次来我们那里我是多么的感激。那几天对我来说是如此美好，以至于我至今难以忘怀，而且，这个夏天也会因为您的到来而变得完全不同。在法兰克福火车站的别离令我非常不舍，但我心底仍然是快乐的，因为这一切如此匆忙地发生，在一个如此平和的环境之中。

关于其他所有事情我会在回到弗莱堡之后写信给您。即将到来的一切会带来繁重的任务，这样也会使得我们不会过得太轻松——即便多数人认为，现在所有的事情都已经确定了。怀着真

---

① 海德格尔于 1933 年 3 月 18 日至 23 日于海德堡的雅斯贝尔斯那里逗留了几天。关于他们在那里的谈话，汉斯·萨诺（Hans Saner）在雅斯贝尔斯的《关于马丁·海德格尔的备忘录》（慕尼黑/苏黎世，1978 年，第 13 页）的序中这样写道："在经过了长时间的间断之后，1933 年 3 月 18 日海德格尔又一次来到了海德堡。希特勒在这一年的 1 月末当选了总理。纳粹党在 3 月 5 日的大选中取得了重大的进展，但是还没有达到绝对多数。因为雅斯贝尔斯对海德格尔的政治抱负还一无所知，所以他们也根本没有探讨政治。他们听了格里高利教堂音乐，探讨了哲学和大学的命运。"

挚的友谊

　　　　　　　　　　　　　　　　　向您问好
　　　　　　　　　　　　　　　　　您的马丁

我明天或后天回弗莱堡。

46

马丁·海德格尔致伊丽莎白·布洛赫曼

1933年3月30日,弗莱堡

亲爱的伊丽莎白:

施杜本瓦森峰闪亮的一天在我的记忆中犹如童话一般。而那些我们一同阅读柏拉图的——过于短暂而匆忙——时间,在我看来仅仅是个开始。如果我讲授希腊世界的对象可以不是随便一个只是短短露面的听众,而是您的话,这样我也会格外地努力,而且还可以找寻到内心强烈的成熟。这样的时光一定还会再来。

当下正在发生的事情在我看来——正是因为许多事情仍旧是黑暗和无法克服的——有一种不同寻常的积聚着的力量。它增强了服务于一项伟大任务、帮助建立起一个由人民创造的世界的意志和确定性。长久以来,一个单纯"文化"的苍白和虚幻还有所谓的"价值"的非现实性,在我看来已经沉沦于虚无了,并令我在此在之中寻找新的根基(Boden)。当我们在新的方式和占有之中去遭遇存在本身时,我们将在西方的历史中找到这个根基以及德国人的使命。这样,我完全是从未来中体验当下,只有这样一种真正的参与以及我们历史中的那种迫切性(Inständigkeit)才会形成,这种迫切性无疑始终是真实地发挥作用的前提。

另一方面,那到处涌现的、过于匆忙地盲从于新事物的行为必须被平静地接受。那种依附于表面事物的行为现在突然将一切都视作"政治的",而没有考虑到这只能留存为第一场革命的一条道路。对于许多人来说,这无疑能够变成或已经成为一条最初觉醒的道路——假如我们意图为第二次,同时也是更为深刻的觉醒做准备的话。同"马克思主义"和"中央党"的争执必然陷入他们本己的意义上,如果它不能成长到同共产主义世界的反抗精神以及基督教的垂死的精神相争执的话。否则这一切都还是一种巨大偶然性,伴随着我们——当然也有相应的变化——陷入一个如 1871 年到 1900 年间的时代的危险。然而我们既不应通过这种担忧低估了我们当下生成的力量,也不应自以为可以确信我们的人民已经用这种方式理解了他们隐蔽的任务——对此我们是相信的——并已经找到了服务于他们新的进程的最终决定的力量。

关于由克里克①撰写的文化政治纲领的出版,我在法兰克福首先只能更多地起到妨碍的作用,这部纲领在观念方面由若干真正的意志所引领,然而在总体上却恰恰是卑躬屈膝的。仿佛我不曾赋予从前的"智慧"与"教养"以任何一种价值——尽管他熟练掌握了今天所有的惯用语,却仍然缺乏对任务的真正伟大与艰巨的所有知识。克里克和我只是简短地进行了交流。他永远不能克服得了那种渺小的、艰难地向上爬的男人的自我感觉,并使他的工作变得不自由——尽管如此,我相信,他的严肃认真性格与经验有一定

---

① 恩斯特·克里克(Ernst Krieck),1882 年 6 月 7 日生于巴登的弗吉斯海姆(Vögisheim/Baden),1947 年 3 月 19 日卒于茅斯堡的监狱(Lager Moosburg)之中。自 1928 年起担任法兰克福和多特蒙德教育学院的教授,1933 年任法兰克福大学教授(校长),1934 年至 1945 年任海德堡大学教授。纳粹主义教育理论的吹鼓手,海德格尔的对手,1933 年之后曾在他主办的杂志《变化之中的大众》(Volk im Werden)中多次攻击海德格尔。

的意义。无论如何,比起施普朗格走钢丝般地迎合时代①,我要更认可他。

没有人知道大学将会发生什么——至少是那些身处其中的人不知道。和那些几周前还将希特勒的工作称作"狡猾的蠢话",而现在就已经为自己的工资和此类利益担忧的政客们不同,明眼人必须认识到,许多东西是不能被败坏的。因为它已经不复存在了;大学早已不再是一个真正专注于自身的、具有影响力的或引领世人的世界。对于沉思的强制,即使会出现失误,也只能是一种福分。"科学遇到了危机"(Wissenschaft in Gefahr)的口号人们大概已经听到过了——哪怕它还只是悄悄地被提出——这个口号正如同中央党在目前其政治权力受到威胁时一贯的"宗教遇到了危机"(Religion in Gefahr)的口号一样虚伪。

和雅斯贝尔斯在一起的几天对我来说非常重要。我知道了可以不受真实事件的搅扰——或是根本不了解它,就可以勾画出"时代的精神状况"来。

尽管我们的年龄差距还没有 10 岁,我们已经不是一代人了;而且雅斯贝尔斯的世界是没有希腊人的世界的——而我坚信,这

---

① 爱德华·施普朗格(Eduard Spranger),1882 年 6 月 27 日生于大里希特费尔德(Groß-Lichterfelde),1963 年 9 月 17 日卒于图宾根,哲学家,教育学家,狄尔泰的学生。1911 年任莱比锡大学教授,1920 年任柏林大学教授,1946 年之后任图宾根大学教授。在经过 1933 年最初的适应性的尝试之后,在第二次世界大战期间和哲学家、教育学家泰奥多·利特(Theodor Litt,1880—1962)一同成为卡尔·格德勒(Carl Coerdeler)的"学术顾问"。参见沃尔夫冈·克拉夫基(Wolfgang Klafki):《泰奥多·利特对魏玛共和国的态度和他同纳粹主义的论争》,发表于《教育学分析与反思——伊丽莎白·布洛赫曼七十五岁生日纪念文集》,由彼得-马丁·吕德(Peter-Martin Roeder)主编,卡尔-恩斯特·尼普科夫(Karl-Ernst Nipkow)、沃尔夫冈·克拉夫基与莱昂哈德·弗律泽(Leonhard Froese)等参与编写。魏因海姆与柏林,1967 年,第 239 页。也可参见第 53 封信的注释。

在今天西方进程的世界瞬间中不亚于一场灾难。

但是人的等级和他意愿的单纯,再一次抵消了由我们哲学的矛盾性所决定的缺陷。

我很高兴您现在还没有让您的经验和知识荒废掉,并献身于建设德国妇女的未来和帮助失业人口子女克服困难的事业。

依照我的看法,与大学相关的就是在建设一个真正的教育共同体的意愿之下,将新生的力量和年轻人们聚拢起来,这对我们人民的世界命运来说将是一种最内在的迫切需要和最广泛的任务。

有生机的地方不仅仅会产生权利,为了能够干预权利的时间,也会产生重新回到最艰苦的工作的孤寂中去的义务。

亲爱的伊丽莎白,我希望您对这样"激烈"通信的拒绝不是很认真的。

怀着衷心的友谊,
向您问好
您的
马丁

47

马丁·海德格尔致伊丽莎白·布洛赫曼

1933年4月12日,弗莱堡

亲爱的伊丽莎白:

向您的生日致以最衷心的问候。我认为您这一天最适合阅读《忏悔录》①,并祝愿您能够从这本伟大的书中获得丰富而持久的裨益和这本书中流淌出来的取之不尽的实存的力量。

我发现从第十卷和第十一卷一起开始阅读总是最有收获的,然后再去阅读"传记部分",如果可以这样称呼的话。此外您必须阅读拉丁文的版本,因为拉丁文版本是极佳的——它是根本不可翻译的。最好阅读毛林讷(Mauriner)的全集版②,只有这样全部观点才会展现。

尽管许多人匆忙地来来去去,也不能够看出大学将会发生什么。而显然的,所有那些势力都保存了下来,他们曾经是伟大的精神传统的传承者,另一方面又有着同一个已成长起来的"帝国"的形象及其精神世界保持距离的意志。尽管一种合理的对大学的不信任——在大学之中现在恰恰出现了许多反动势力——催生了这样的立场,但是这也不应将事情引向相反的错误——只将任务交

---

① 奥古斯丁:《忏悔录》(*Confessiones*)(公元397—400年成书),德译版由赫尔曼·海弗勒(Hermann Hefele)翻译,耶拿,1921年。

② 奥古斯丁:《全集》(*Opera omnia*),毛林讷编,11卷对开本,巴黎,1679年至1700年。后由拉丁教父 J·P·米涅(Migne)再版,第32—47卷,巴黎,1845年至1849年。

给党内同志。

同事们在议会中商谈的唯一"最生死攸关"(原话如此!)的问题是工资的问题(Gehaltsfrage)。

但即便是较活跃的人首先和最终想到的也只是组织问题,而不关心大学内在建设的重大工作,在这种内在建设中一个精神的世界才能重新生长出来并深入到全体人民之中。

昨天我们作了今年以来的第一次帆船旅行,沿着凯泽施杜尔河(Kaiserstuhl),穿过美好春季里生机盎然的森林。采林根(Zähingen)和海尔登(Herdern)现在是一个又大又漂亮的花园。我们打算过了复活节回木屋。

亲爱的伊丽莎白,我向您致以衷心的问候,

怀着真挚的友谊

您的马丁

也代我向您的父亲和姐妹问好。

我常常带着美好的记忆和深深的祝福想念您,您的爱尔福丽德。

48

马丁·海德格尔致伊丽莎白·布洛赫曼
［明信片正面："我们花园里大梨树下的座位"］

1933 年 4 月 18 日，弗莱堡

亲爱的伊丽莎白：

我已经为您的生日写了一封信寄往魏玛，爱尔福丽德的一封信也很快就要寄到。您在这段艰苦的时光里①不能够得到我们的祝福和坚定友谊的支持，对我们来说加倍地痛苦。我们一直都在山下待着。

以诚挚的友谊，
衷心地问候您，
您的马丁

---

① 参见第 49 封信的注释。

49

伊丽莎白·布洛赫曼致爱尔福丽德和马丁·海德格尔

1933年4月33日,哈勒

亲爱的爱尔福丽德和马丁:

　　感谢你们诚挚的系念和友情。自复活节前一周至今,我与父亲及姐妹一起待在哈勒,在魏玛的一切如今都已经被寄送到这里来了。我昨天开始写一篇长信。但因为今天我必须亲自出发用一天半的时间前往魏玛,故而今天不会完成了。但是我应该告诉你们,你们的友情让我殊感欣慰。我尚且没有直接从机关得到消息,但是这项法案①确实让我感觉希望渺茫。

致以谢忱和美好的祝愿

你们的莉茜

---

　　① 指1933年4月7日颁布的《公职人员改革法》(Gesetz zur Widerherstellung des Berufsbeamtentums),《帝国法典》第一部分,柏林,1933年,第174页至177页:
　　（一）1."为了国家公务职位的改革和管理的精简,可以将符合以下条件的职员免职,在没有相关现行法律的必要前提之下也可以执行。"
　　（三）1."非雅利安血统的职员,应强制退休;如果涉及名誉职位的,则应免去公职。"
　　"非雅利安血统"这个概念已经在1933年4月11日颁布的《公职人员法第一执行条令》(帝国法典,第一部分第37条,第195页)中被定义:
　　对(三)1条的解释:"非雅利安血统是指并非出身于雅利安家庭,特别指父母及祖父母中有犹太人的。只要父母或祖父母中有一方不是雅利安人,即为非雅利安血统。这一规定特别适用于父母或祖父母中有信仰犹太教的。"
　　引文选自:《德国犹太人流亡史1933—1941:一部驱逐的历史》。德国图书馆展览,法兰克福,同纽约的莱奥·贝克学院合作。法兰克福,1985年,第33页到34页。

50

伊丽莎白·布洛赫曼致爱尔福丽德（和马丁）·海德格尔
1933年4月18日，哈勒

亲爱的爱尔福丽德：

谢谢你来信的关怀。你的来信让我感到莫大的欣慰。刚刚过去的日子非常艰辛，以前我简直不能想象，这样一种被驱逐的遭遇是可能的。从前我可能是太纯真地生活在一种深深沉浸于精神和情感的安逸中了，因此我起初完全不知所措并非常绝望。因为这项法案的冷酷无情确然是如此之严重，以至于它实际上不仅将一个人从眼前的工作中，而且在可预见的时间内甚至从德国教育的协同工作中排除了。连私立学校也不能再雇用这样一个人了。如今我面对这一切已经更加平静，我的自我（这听起来可能有些奇怪）再次获得了某种坚韧的生活力量。

据这项法案的条文，我就无疑地被牵连在内，并且有被计入兵役的可能性①，通过它我们这代人中的许多男性得到了保护，对我们也成了镜花水月。因为这个界定，即"冒着生命危险"者，对在后方服役的男性有效，而不再适用于我们的职位了（甚至一个得过破

---

① 涉及法案（三）2中的例外规定（最后终归废止）："条款1不对如下的公职人员生效：自1914年8月1日起已经是公职人员者，或者在世界大战中于前线为德意志帝国或其盟国战斗过，或者其父或其子在世界大战中牺牲者。其他例外情况可由帝国内政部长与负责专职部长或者负责国外公职人员的最高国家机关协商决定。"（出处同上，第34页）

伤风的人,关于这点昨天凯勒先生①就自己断言过,也可称作是"付出了生命"。但是人们因此相应地就不能手术了)。而在我的情况中,甚至都不能确定我的服役时间是否会被计入②(从在塔勒起③,清清楚楚已经10年了,却是在半官方的企业里)。而为此我只能一厢情愿,寄望于机关部门的帮助。

在我看来,那唯一使我不管以什么形式还能保有工作的,就是尝试用特赦条款(Härteparagraph)来达成目的,这就是说,我或许可以被这样对待,似乎我在1914年已经是在职的公职人员了。因为学校在我在威斯巴登的那一年之前(在1911年我确实已经完成了大学毕业考试④)延长了我的代理职务⑤(我现在还持有对我当时有帮助的书面致谢材料),然后想要立即再给我一个在1914年8月初的代理职务,然而由于当时在护理站的职务⑥我没能就任,所以我相信对于部长来说,接受这个"似乎"大概是可能的。然而,这

---

① 西格弗里德·A.凯勒(Siegfried A. Kaehler)(1885年6月4日生于哈勒,1963年1月25日卒于哥廷根)。历史学家,1920年于马堡任编外讲师,1921年在波茨坦帝国档案馆任档案顾问,1927年于马堡任编外教授,1928年于布莱斯劳任正式教授,分别于1932年在哈勒、1935年在耶拿、1936年在哥廷根任教授。
② 法案的第8款规定,按照第3、4条被解职或者开除的公职人员,若其没有至少10年的工龄的话,将不会给其发放退休金。
③ 伊丽莎白·布洛赫曼在完成国家考试(1922年)、见习工作(1922/23年)和获得博士学位(1923年)后,于1923年至1926年期间在塔勒的社会女子学校做讲师,这所学校是以由爱丽丝·所罗门于(Alice Salomon)1908年建立并管理的社会女子学校为范本,在柏林的舍恩贝格区设立的。
④ 在1911年于魏玛的上吕错姆参加结业考试。
⑤ 1911至1913年间持续若干周的学校代理职务。
⑥ 1914年8月至1915年6月期间,在魏玛的野战医院。

个特赦条款却要以鲁斯特①和弗里克②先生的一致同意为前提,即是说,这需要鲁斯特先生的动议。鲁斯特先生因而必要这样来看待我,即他认为留住我是很值得的。而如今入驻机关部委的教育学院负责人却使我于此不敢奢望。现在唯一可能在这件事上帮助我的,就是马丁了,如果他为我写一封信给鲁斯特先生,把你们对我个人和工作作风等方面的评价讲述出来的话。凭着您如此深情厚谊的来信,亲爱的爱尔福丽德,我斗胆再写下这些话,另一方面我也反复问自己,在这种境况中我是否对马丁过分苛求了[插入:而根据他写的所有东西,我现在相信,我可以放心地这么做]。毕竟,这似乎是我隐约见到的唯一出路了。

凯勒夫妇在最近这几周业已成为我的好友。凯勒先生许久以来就请求我一定献上对你们伉俪的问候。与凯勒夫人③在一起,我感到自己与许多事情息息相关,尤其是涉及社会性的妇女工作的时候。她是一位热情、正直并且精神强毅的女性,有一个很大的家族。针对女性的志愿工作职位如今存在于本省的三个地方:在塔勒、韦廷和艾斯莱本(Eisleben)。艾斯莱本驳回了一位非常能干的

---

① 伯恩哈特·鲁斯特(Bernhard Rust),1883年9月30日生于汉诺威,1945年5月8日于汉诺威自杀,1922年参加纳粹党,1925年为北汉诺威党部头目,1930任德意志帝国议会议员。从1933年2月4日始担任普鲁士文化部部长,自1934年4月30日始,担任帝国科学、教育与国民教育部部长;对大学的清洗运动负有责任。

② 威廉海姆·弗里克(Wilhelm Frick):(1877年3月12日生于阿森茨,1946年10月16日被处决于纽伦堡,1904年至1924年任职于慕尼黑警察总局,纳粹党元勋,1923年参加希特勒的军事政变,1924年任德意志帝国议会议员),1928年任纳粹党团主席,自1930年任图林根州内务厅长;1933至1943年任帝国内务部长,1943年至1945年任帝国波西米亚与莫拉维亚保护国主席。

③ 伊尔瑟·凯勒(Ilse Kaehler):原姓克莱隆·杜松维勒公爵(Gräfin Clairon d'Haussonville),自1932年与西格弗里德·A·凯勒结婚,1945年后在哥廷根学术资助机构任主管。

公立中小学校教师的倡议，我与她十分合得来，在这组织安排的事情上，我必须予以帮助。塔勒已自身受辖于格特鲁特·本斯豪森(Gertrud Benshausen)①。就隶属于大学的韦廷而言，我已经能够在希勒小姐那里得到一个很好的主管职位，希勒小姐至今还是阿塔曼恩迈德之家②的主管，我以前就认识她。最近，我与凯勒夫人一起，对这个职位的一切底里进行了仔细的研究。这还都是4月8号之前的事。至于我将必须深居简出多久，如今尚不清楚。

哈勒，4月21日

本来除去对你盛情邀请的谢忱，已经无需再给这封信增添内容了。目前，我必须留在哈勒，直至事情水落石出。以我的忖度，那大名鼎鼎的政府部门征询问卷不日就要到了。然而，如果对我的裁决很是糟糕的话，我可能会报以极大的谢意接受你的邀请。亲爱的爱尔福丽德，你对我帮助的信任，使我十分欣慰。

我方才又想了起来一件事情，即我在1912年已经自愿参加了红十字会战争情况下的护士培训课程，由此可以推断：假如我是男人的话，我一定没有逃避我在前线的兵役——所以，我也有可能据此被按照这种情况来对待，仿佛……？我已然很激动，因为这些国家的妇女协会一般致力于推动这样的做法，即女公职人员的情况并不机械地按照男性的法律来处理。

因此，一旦收到政府部门的材料，我想在接下来几天再修书一

---

① 不详。
② "阿塔曼恩"："(由中高地德语 art(农民)，manen(男人)拼凑而成)起源于人民青年运动的若干同盟的自称，他们以号召年轻人参加自愿农业生产活动为目标。"参考文献：希勒，《纽伦堡书信》，1928年。引自《布罗克豪斯大百科全书》，第一卷，1928年，第714页。

封给马丁。那时我就更清楚地了解到，他能否并能怎样有效地帮助我。到时我将热切地向他恳求。今天，对于奥古斯丁的著作，我向他致谢。现在，他的著作是一件很好的读物。

我的父亲和安妮进来都在我身边。这好极了。安妮自然也一样很受牵连。前天，她也和我一并回了趟魏玛。

如今，你们不久就要和约格分离。我祝愿你们能和他过一个愉快的假期。

由衷地问候你们二位并为你们的友谊致谢。

你们的莉茜

51

伊丽莎白·布洛赫曼致马丁·海德格尔
1933 年 4 月 26 日,哈勒

亲爱的马丁:

据悉,您已经成为校长①。这个使您从您工作的孤寂中如是抽身而出的决断,对您而言当是不简单的。然而,我却为您欣喜愉悦,并且也相信:现在能够担当此诸责任,对您自身而言关系重大。我由衷地祝愿您,实现您长久以来的胸中成竹,并一并为德国之大学带来焕然新生;祝愿您,在真正精神的层次上,不孤其德。藉此,着眼于内心的高层次,为我们这个鱼目混珠的时代,至少产生一颗明翠宝珠。

亲爱的马丁,出于我自身的原因,我没有再次给您写信。征询问卷看来是不会到了。人们也许将在小圈子里得到通知。现在,我们对我们学校工作的进展一无所知。只听说委派了一位新的院长。人们是否应当在下周"临时地"再次开始工作,抑或,接下来是否还会出台最终的规定,我们必须翘首以待。当我发现任何线索时,我会修书告知于您。

如今您花园的胜景,该是多么美好啊!在您家中户牖凭栏远

---

① 选举结果在 1933 年 4 月 21 日揭晓。关于其中就里,可参考:马丁·海德格尔,《德国大学的自我主张,校长办公室 1933/34》。由海尔曼·海德格尔整理出版。法兰克福,1983 年。另参见:《马丁·海德格尔,哲学家和政治》,发表于《弗莱堡大学校刊》,第 25 年度,第 92 期,1986 年 6 月。

眺，又该是何等的赏心乐事！连哈勒在这几日都平添了灵秀。

向爱尔福丽德致以爱的问候并献上对您诚挚的祝愿

您的伊丽莎白

52

伊丽莎白·布洛赫曼致马丁·海德格尔

1933年5月10日，哈勒

亲爱的马丁：

我已经数次准备写信了——若能与您面谈，该有多好啊！如若您不确定在赴柏林的路上能否在我这里稍作停留，那么如果方便的话，我非常乐意再次往赴弗莱堡。鉴于那些新的法令，我必须找一个机会把情况之来龙去脉详告于您，这就是说，把那些重要的细节告诉您，并且把需要的材料递呈于您。若能和您一起权衡思量事情之当行当止，会更好更方便。1914年复活节一次公职资格培训的优异结业证书①，以及我在魏玛的学校②的助理工作中的干练付出（对此，我有一份证明文书），根据新的法令，的确能对事情有极大地缓解。在这件事上，或许我不须提及被腓特烈大帝擢升为贵族和骑士阶层的曾曾祖父。然而，要与您倾吐的话，好像还有很多，故而非常乐意与您见面面谈。但凡可行，祈请予我一简短的答复。

献上对您与爱尔福丽德的无限衷心的问候

您的伊丽莎白

---

① 1913/14研讨年末在威斯巴登举行的教委考试。
② 魏玛大公索菲亚学校。

53

马丁·海德格尔致伊丽莎白·布洛赫曼
［明信片］

1933年6月10日，柏林

亲爱的伊丽莎白：

事情现在已经到了关键的时候。波伊姆勒①对巴格海尔（Bargheer）能够做许多事情并发挥影响，这是有利的。我并没有直接联系到部长。但是我相信，"曲线救国"的方式会是更有效的——因为正如我现在很清楚地知道的，我因为对那种到处都存在的半吊子作风的抨击而得不到同情。——施普朗格在他去卡诺萨（Canossa）之后又过来了②。

遗憾的是我明天必须马上回去；不过预计将在八天后去哈勒参加大学校长会议。

怀着诚挚的友谊向你问好

您的马丁

---

① 阿尔弗雷德·波伊姆勒（Alfred Baeumler），1887年11月19日生于塔弗尔费希特旁的诺伊施塔特（Neustadt an der Tafelfichte），1968年3月19日卒于阿赫阿尔姆（Achalm）。哲学家，巴赫奥芬及尼采研究专家。1928年于德累斯顿大学任编外教授，1929年任德累斯顿大学正教授。1933年至1945年于柏林大学担任"政治教育学"教授。纳粹分子。

② "在普鲁士文化部考虑解除爱德华·施普朗格在大学里的教育学教授职务时，大学生卡尔·海因茨·布兰（Karl Heinz Buran）和瓦尔德玛·奥利希（Waldemar Oehrich）于1933年5月中旬向当局递交了抗议书——施普朗格因此被留下。"摘自米歇尔·H·卡特（Michael H. Kater）：《走向纳粹之路的大学生》，收于《第三帝国的高等教育和科学》，约格·特吕格主编，法兰克福，1984年，第37页。亦可参见爱德华·施普朗格：《我同希特勒政权的斗争》，部分发表于《大学与大学生，全部教师与学生，文献资料试编》，沃尔夫冈·卡利彻主编。德国科学基金会，1966/67年年鉴，第220页。

54

马丁·海德格尔致伊丽莎白·布洛赫曼
[明信片①正面:黑森林——托特瑙山,海拔1020米]
1933年8月15日,托特瑙山

亲爱的伊丽莎白:

我会在8月19日、20日在德绍(Dessau)(凯泽霍夫)参加一个大学生论文的"朗读会",在会议结束后我很希望在那里和您见一面。

匆忙着笔,您衷心的
马丁
顺致以爱尔福丽德的问候

---

① 该明信片从哈勒发出寄往利波尔德山的农村寄宿学校。

55

马丁·海德格尔致伊丽莎白·布洛赫曼
[明信片正面：德绍，安哈特州。大市场。]

1933年8月19日，德绍。

亲爱的伊丽莎白：

我很想去利波尔德山（Lippoldsberg），但是在辗转途中我会浪费掉太多时间，因为我周二必须要到卡尔斯鲁厄。但是在您在法兰克福停留的时间里（这段时间很可能会持续地更长），我也将去霍姆堡（Homberg）参加一个我们大学校长组的一个会晤。

很遗憾我们不得不提前中断帆船旅行，因为这对于约格来说太过于疲劳。把您在法兰克福的地址寄到弗莱堡。

向您问好，您的马丁
代我向诺尔问好

56

伊丽莎白·布洛赫曼致马丁·海德格尔

1933年8月24日,利波尔德山

亲爱的马丁:

我已然想到,您大概不会来了——这确实是个大弯路。所以,我也搁置了应当寄给您的第二张明信片,我原本准备借此告诉你,这几天我只与一位年轻的女雕刻家待在这里(在此期间,整个二年级都受到了波及),并且我们还有一只漂亮的桨船。在法兰克福也将无所事事——我们把在此的一切安排都推迟了。现在请您务必给我写一封信。在看到爱尔福丽德写信告诉我您在柏林之后,我这几天一直在热切期盼您的消息。我很难理解,我们最后一次相聚之后,您和波伊姆勒交谈过后不愿给我写信。政府部门一直沉默着,以至于爱尔福丽德的信就是我唯一了解的内容。爱尔福丽德定将感到奇怪,我在这件事上只字未提——因为我没法写。这时她一定对我抱有片刻的耐心。我非常感谢她,也不会忘记她的友谊。我常常记挂着你们和你们的工作,也祝你们幸福。

如果天气不是太冷,并且不像现在这样持续让人感觉不适的话,我可能从9月1日起还在这里待上十天。这里的风光和小屋,让我感觉如在家乡一般,我还有份工作,很享受游泳的乐趣,并在驾驶折叠帆布艇上收获了极大的愉悦。关于在这周与许多年轻人(主要是与他们)和许多老年朋友的会面所带来的收获,以及那严肃和有意义的事情,容当后叙。我也对1933年这个夏天的这几周充满感恩之情。在9月30之后会发生什么,我还不得而知,或者,换句话说,我还不知何去何从。

请写信告诉我您在柏林遇到的可以讲给我的事情。

给您和爱尔福丽德衷心的问候
来自您的伊丽莎白
非常感谢演讲的选印本[①]!

---

① 马丁·海德格尔,《德国大学的自我主张》。演讲由德国弗莱堡大学行政管理委员会的庆典负责部门于 1933 年 5 月 27 日操持举行。布莱斯劳(Breslau),无纪年(1933 年)。

57

马丁·海德格尔致伊丽莎白·布洛赫曼

1933 年 8 月 30 日,木屋

亲爱的伊丽莎白:

尽管路途周折,但不是它耽搁了我——我被一封加急信召到了卡尔斯鲁厄的政府部门,在那里新大学宪章被要求再一次讨论。依照该宪章,大学校长和系主任将会有极大的职权以及比职权更大的责任,但是现在这方面最大的问题是缺人,没有这些人新宪章也会变成一个后果严重的"工具"。

一切都取决于高校教师的教育,他们作为施教的人必须首先完成自身的教育,并且为此找到一个确定持久的形式。否则,所有全部都会因为喧闹的组织(lauter Organisation)而窒息。

我没有写关于柏林的任何东西,因为通过波伊姆勒没有获知任何新的东西,也因为我始终没有进一步地向更高一级官员打探。人们很多疑,而且也有密谋。有可能我过几周还要去一次柏林,届时我将做一次直接的尝试。

我十分想念您,在卡尔斯鲁厄的事务使得我取消了在里波兹堡的停留,现在,在事后我感到特别伤心。

但愿您很快就能使用我们的帆船。和约格一起做的旅行很遗憾地失败了。他在第二天变得非常劳累,在第四天,我们在多瑙沃尔特中断了航行。这显示出他感染了重传染病,明显他在火车上的时候就已经感染了,并进而影响了心脏和肾脏。从那时起这个可怜的孩子①一直躺在床上,并且恢复得缓慢。我自己现在只能在小木屋里待三天了,爱尔福丽德在山下陪着约格。萨特勒小姐②在这里照料我。这里无比惬意,我也正要开始我伟大的工作,但是因为校长的职务我还要回到城里去。我还盼望再过一两个星期九月的时光。

如果您来法兰克福,请立刻写信给我。从那里再到弗莱堡和木屋就不远了。除了这些奔波以外,我一直都在徒劳无功地为布罗克③谋求一个职位;在这里,哲学明显的无用性显示了出来。

我还没有替代他的人选也不想马上做决定。

我欣慰地听说,诺尔在冬天又投入了工作。在这个冬天对德国的大学来说一定是决定性的,尤其是能否成功地将全体大学生在教育—精神方面置于权力之下——而不只是永远盲目地肯定他们即时蹦出的念头。

假如大学教师能够更明智些,更有力些,而不是一直以来始终徘徊在单纯的踌躇和忧虑之中,我们早已走得更远了。但是这种无能仅仅证明,长久以来缺乏真正的精神的和教育的推动力与标准,而对臆想的不可或缺性的自负使得任何一种沉思都停滞了。这为难以接近的与被剥夺了继承权的人(这种人到处都是)提供了

---

① 原文是"卡尔(Karl)",应是"小家伙(Kerl)"之误。

② 伊丽莎白·萨特勒(Elisabeth Sattler),1933年至1934年在海德格尔弗莱堡的家里做管家。

③ 维尔纳·布罗克(Werner Brock),1901年3月28日生于柏林夏洛滕堡,1974年卒。哲学家,人类学家,哲学博士。1931年于哥廷根大学获得博士学位和教学资格,1931年至1933年于弗莱堡大学第一哲学教研室(海德格尔所在的教研室)任哲学编外讲师和编内助教。因为犹太人的身份,在《公职人员改革法》颁布之后离职。通过海德格尔的介绍于1934年获得了剑桥大学的一份研究资助。在英国一直居住到1951年,之后返回德国,于弗莱堡大学短期担任编制外教授。因为其心理疾病而妨碍了他教学活动的继续。参见第81封信注释。

一个他们欢迎的机会。但是我在战斗之中是不会放松的,因为这次的事情关系到全局。

带着谢意,我回忆起在法兰克福的雅典娜神像前的时光。

衷心地向您问候
您的马丁

58

马丁·海德格尔致伊丽莎白·布洛赫曼
［明信片］

1933年9月5日，弗莱堡

亲爱的伊丽莎白：

昨天我收到了来自柏林的聘任①——"和一项政治的任务相关"。

爱尔福丽德和我很有可能在周五或周六抵达柏林。之后我希望会有几天的时间专注地待在木屋和博登湖畔。

快些写信给我。

我们住在接近阿斯坎广场边的一家客房里。

向您致以我们衷心的问候

您的马丁

---

① 来自柏林大学的第二次聘请也被海德格尔拒绝掉了。其中一些原因海德格尔在接下来的几封信中说明了。

59

伊丽莎白·布洛赫曼致马丁·海德格尔
1933年9月7日，利波尔德山

亲爱的马丁：

献上我对您的全部感恩之情。现在实在地摆在面前的艰巨任务，它确实是最艰巨的任务之一，它也是德国当今主要地要解决的任务，我诚然已经知道，这对您意味着什么。在这些意义非凡的日子里，爱尔福丽德将在柏林伴您左右，是一件好事。愿在漫长且——据您来信所说——大概不怎么令人高兴的前奏之后，人性之小人戚戚和小肚鸡肠的阴影不会再从外部给您最后的决断平添扰攘。

谢谢您从木屋寄来的信。近来，我这里没有什么新鲜事。您知道，我是如何忧心，并也知道，一直以来，我最后的也是唯一的希望还是您的援手。当我在今早收到了您的来信时，我考虑了一会儿，我是否应当立即（而不是按照原计划在一周之后）前往哈勒，为了半途或者在柏林见见您和爱尔福丽德，然而，这件事再次被搁置了。然而，如果您在任何时候觉得这应当可行，我自然能够在收到电报通知后马上赶到。

由衷地问候您和爱尔福丽德
您的伊丽莎白

希望约格现在康复了。

自9月下旬，直至出发我一定在哈勒——去法兰克福的计划必须被取消。

60

伊丽莎白·布洛赫曼致马丁·海德格尔

1933年9月14日,哈勒

亲爱的马丁:

今天,再次以我的事情打扰您,使我殊感惭愧,因为我可以想见,现在您的艰巨任务占据了您多少的脑力与精力。然而,我还是再次斗胆烦劳您,因为九月份的这几天里,我是否能留在德国并以任何一种形式在德国工作,就必会有个了结。现在,事情进展是如此的迟缓,以至于还有一次妥善解决这件事的机会。因为昨天被鲁斯特任命的学校部门新领导,亦即将在我们部门行使部长职权并成为巴格黑尔先生的上级的人,来自魏玛[插入:教育参议,从克尔(Zunkel)]。我知道,他认识我,就算不是很熟悉也罢,但我仍然有充足的理由认为,从魏玛到此,我的名字会让他感觉亲切。因为他刚来普鲁士,并且除我之外几乎不认识其他人,这当然是个好消息。我想(前提是,您近来没有对任何人说过我可能会采取的计划),如果您能够给他写一封信的话,并在其中让他注意一下我的事情——告诉他根据法规我不被免职确实是可能的,并且告诉他您对我有怎样怎样的看法(插入:打个比方),这可能会产生重大意义。巴格黑尔先生当时也确实对我说过,您乐意给我以解救之策,非常重要,我也应该在我的笔记中提到这一点。目前看来,这已然太晚[插入:明天此时我就要被免职了],然而,无论如何,如果您可以写这样一封信的话,请即刻提笔吧!

或许了解这一点并非无关紧要,即在我两个过去的工作地点都得到了纳粹党的满意的认可。派斯塔罗西-弗吕波尔之家已经被纳粹党的慈善机构全面考察后接受,这可谓实至名归。它良好严肃的工作及其教育性的工作方向,都十分被认可,如我于此长久以来的直觉,这些也和妇女教育的新理念有密切的关联。拒绝这样一份工作,只能被理解为是出于一时之计,长远看来这是不妥的。

狄特里希博士小姐①,作为柏林慈善学校的负责人[插入:我与她曾有过密切共事](据所罗门②说),与政府部门和妇女事业有密切的联系。我在塔勒的负责人也一样,在那里,虽然事情还没有完全达成,却十分相似。纳粹党的新县长,一位老党员,他抵御一切攻击,殚精竭虑地保护学校,也为她的善良精神和尽善尽美的工作所折服。我写下这些,是因为爱尔福丽德一直有所担忧,我的在这些学校的社会教育背景也会对我起到消极的作用。与此相反,其他的学校都已被解散,夏洛滕堡的青年之家无疑是其中的重要部分。故而,前面那些学校的维持仍然关系重大。

同样,或许多了解一下这一点也全无坏处,即不仅仅基尔教师

---

① 夏洛特·狄特里希(Charlotte Dietrich):1887年11月12日生于莱比锡,卒于1976年8月4日,1918年获莱比锡大学哲学博士,1920年在布莱斯劳新建的公益学校担任领导,1925年辅助爱丽丝·所罗门在柏林丽城的慈善女子学校担任副领导。1927年至1945年作为爱丽丝·所罗门的后继者任全权领导。1947年至1952年在柏林伊万戈尔教会慈善学校做讲师。

② 爱丽丝·所罗门(Alice Salomen):1842年4月19日生于柏林,1948年8月30日卒于纽约。社会教育学家,妇女社会工作的奋争先驱。1906年在柏林大学以优异的成果取得政治学博士学位。1932年获医学名誉博士,1900至1920年任会议记录秘书,继而任德意志妇女协会联邦代表,主席,1908年创办柏林公益女子学校,直至1925年担任领导。1925年在柏林创办"德国妇女社会教育工作学术协会"并担任主席(1933年由本人解散)。1937年流亡美国。——参见:伊丽莎白·布洛赫曼的"爱丽丝·所罗门"。载于《文汇》1959年第14卷,第528页。

高等学校的杜尔克海姆（Dürkheim）伯爵有一半犹太人的血统——这是众所周知的。人们还传言，迪特里希先生的父亲还姓科恩（Cohn，犹太祭司家族的姓氏——校注）。据完全可靠的消息称——在原来的教师群体里，人们也已经知道这些了。对此，我当然不能下断言。然而，如果这是真的——这两人都代表着教育事业——那么，无论如何，这时（插入：在其他的职位上也一样）种族主义的方针在这么重要的职位上就被打破了。正是因此，这件事才与我相干。

书信冗长，烦请见谅——这或许是此类书信中的最后一封了。唠叨一己之私，已然难以启齿，更何况见诸笔墨。

问候您和爱尔福丽德，祝愿您休假惬意并热切地希望了解您近期赴柏林的情况。

您的伊丽莎白

61

马丁·海德格尔致伊丽莎白·布洛赫曼

1933年9月19日,梅斯基希

亲爱的伊丽莎白:

我已经在家乡住了一些天了,为了静心思考并作出抉择。

爱尔福丽德将您的信给我寄来了,我立即就提笔回信了。无法给予您更多的帮助对于我来说是最为痛苦的。

因为就连我自己这次在柏林时也没有取得进展,具体讲,我没有接到任命,而是被安排和教育部的一位名叫阿切利斯(Achelis)的政府参事进行协商,他给我留下了不错的印象。我并没有如愿获得"接见",因为人们对我有所期许。我被要求"领导"普鲁士的大学教师,在柏林的教学活动倒是其次了。我马上就声明,绝无可能担任领导,我也不清楚在全部事情背后究竟是否存在一个更高的意志。然后我阐明了我关于教师高等学院的计划,这项计划被同意了——但没有得到有关部门主动的、积极地参与。这项工作首先被限制在普鲁士范围内,同时也不得逾越培养高水平的师资力量的职能。在柏林——在大学中——我没有任何地位,也尤其没有时间和力量来争取这样的地位。所有一切仿佛都是飘忽不定的。所以当我再次离开柏林之后感觉如释重负。

与此同时慕尼黑方面也再三纠缠我,在那里有一个教授席位是空缺的。那里的优势在于有比较大的影响范围,也不像现在的弗莱堡那样偏僻,也有接近诸如希特勒这样的人物的可能性。缺点也是显而易见的:慕尼黑大学已经死了。但是哪所大学不是这样呢？也许它们都必须要死去——只要它们还在为生存而挣扎。所以我也很怀疑，在弗莱堡基于新纲领之上的那几年工作是否有意义。对于青年人的直接影响到底是不是最有价值的。另一方面，当我回到弗莱堡之后，所有一切都崩溃了——我还没有下定决心，只是相信如下一件事情，我们必须为一场巨大的精神变革做好准备，也就是说我们必须亲自引入这场变革。但是从哪里招揽人呢？

目前，我已远离了自己最本己的工作——它肯定是最不个人化的工作——，虽然我每天都感觉到，好像每天的活动都既受它供养，又向它趋近。

在那次失败的帆船航行以及在小木屋短暂歇息之后，我现在刚刚获得一段闲暇时光。

如果我们前段时间可以见面的话就好了。如果环境允许，接下来的几天我想在小木屋里住一段时间，在精神方面为冬季学期做一些储备。

一旦我做出了决定，就会写信给您。

衷心地想念您
您的马丁

另外，我请求您私下里处理这些事情。

62

伊丽莎白·布洛赫曼致马丁·海德格尔

1933年9月23日,哈勒

(阿道夫·巴特斯路(=原花园路)8号,魏玛)

亲爱的马丁:

愿您在这几日的宁静中做出明白的决定,它让您感到幸福并充满力量。也愿您在新的一年里所开启的事业不断壮大——愿在您的身边产生出真正精神的秩序,愿从那些能够发自内心地跟从您的少数人身上发出的精神力量得以展现作用,只要您身边的这些人可靠、坚强并保有纯洁的内心,就足以开启新的事业了。

关于处置我的决定还没有下达。据我之前从个人渠道得到的消息,人们似乎拿不定主意,并且倾向于让我继续留任。昨天收到的证明文件,标明的日期是9月14日。据此,您给从克尔写的信应是徒劳,但我依然感谢您的帮助。

祝您在木屋的日子神清气爽并问候您和爱尔福丽德

您的

伊丽莎白

63

伊丽莎白·布洛赫曼致马丁·海德格尔

1933年10月13日,魏玛

阿道夫·巴特斯路(花园路)8号

亲爱的马丁:

我必须请求您再帮我一次。因为尽管我费尽心机,却终究不再有在德国的工作机会;此外我也实在没有索要退休金的权利①(根据补充规定第19条,第六款)。我因此不得不寻求在国外安身的机会——不管这对我来说将会是多么困难。在家庭方面,情况也一样糟糕,以至于在我父亲亡故之后(他现在七十一岁),我们将处于孤立无援之境,因为现行的法令牵涉到我们整整一代人。而且,用度开支也是无从分派(在这方面,我尚可撑持);人们总是需要维持温饱的。此外,人还需要一份体面的工作,保有一份取得有意义的成就的期待。

因此,我必须求助于一些机构,它们承担起了为身怀一技之长的德国人介绍工作的责任。首先是在伦敦的皇家救助团[这几个字上方写着:Commttee?],其次是在苏黎世和日内瓦的济困社。我最想去的是英国。不仅因为英国大学里也有专门培训公立中学教师以及社会工作者和职业慈善救助人员的机构,而且更因为,德国的教育学在英国一直占据津要(他们还没有发展出自己的教育理论)。所以,我当然最想在这样的机构任职。然而,我也乐意去一个英国的女子中小学担任德语教师,也完全能获得一个大学讲师的资格。这样的愿望人们很少明说——我想人们只会递交各类材

---

① 参看第50封信的注释。

料和证明，相关机构会据此自行作出决定。我只是为了让您知晓才写这些的。除此之外可使我于异国安身立命的可能（通过苏黎世和日内瓦的机构的介绍），我也没有完全忽视。不过就算如此，重要的肯定还是申请者要在申请材料中作自我介绍，或许还应大略地要求介绍一份与自己的教育背景大致相称的工作。必要的是，这三个机构都要求出具在职的高校教师的证明。正是为此，我才恳求于您。我当然知道，这对您而言有些难办，因为您并不是直接通过工作了解我的。然而，我想，没有多少人和您一样对我有这么清楚的印象，只要一点对个人的特征的了解——若是您愿意提供的话——就完全足够了。您对此可能比我知道的还多。

周一，我会在这里收拾一下自己的东西。然后，把我生平履历的复本（巨细无遗）和我不值一提的工作的证明材料寄给您，当然，如果缺了什么的话我还会再单独给您印一份。它们也没什么用处。诺尔（Nohl）自然也会帮我写一份证明，他还想要寻求米施①和弗里特纳②的帮助。您的大名，一定会对我大有助益。

此外，我一切安好。近日魏玛非常漂亮，与家人一起，也有诸多好处。然而，这半年以来我内心增加了很多负担。这还要很多时间来缓解。

非常乐意知悉您和爱尔福丽德的近况，以及您现在做何决断。

由衷地问候您和爱尔福丽德
您的伊丽莎白

---

① Misch：参看第 14 封信的注释。
② 威廉·弗里特纳（Wilhelm Flitner）：1889 年 8 月 20 日生于魏玛附近的贝尔卡，教育学家，1919 年创立魏玛公立高校，1922 年在耶拿任哲学讲师，1926 年在基尔任编外教授，1929 年于汉堡任教育学教授。自 1925 年始参与普鲁士的教师培训，1958 年退休。

64

马丁·海德格尔致伊丽莎白·布洛赫曼

1933年10月16日,弗莱堡

亲爱的伊丽莎白:

我是在去往慕尼黑的火车上写信给您的,我受命到那里去"商谈";也就是说我在那里和在柏林一样做得很少;这次旅行和所有关于此类的事情都已变得无关紧要了。

我不会去柏林,因为我没有在柏林看到真正工作的根基;大家都清楚那里的情况;与此相反,我从前的计划——创办教师学院——却很有前途(请保密!)[。]这就是我大概的近况。

我对发生在您身上的事情的整个过程都很震惊;然而也不愿完全放弃希望;我将会让自己逐渐牢固地在"柏林"站稳脚跟——如果不能的话,就通过任何一种折中办法,比如突然间置身事外。

我有这样的印象,诺尔的弟子们现在必须付出代价①,因为人们不会对诺尔下手。但是这很难看清楚。——我不知道您马上考虑到国外去对您是否有好处。就您现在的整个情况来看,我还是

---

① 对此伊丽莎白·布洛赫曼曾在《赫尔曼·诺尔》第164页中写道:"在师范学院工作的众多诺尔的弟子被立刻清退,准确地讲,因为他们曾是诺尔的学生,并代表了因其本质而反对纳粹一体化(Gleichschaltung)的教育学。而这就是他们自治的意义!在1930年至1933年纳粹上台之前的最后一任普鲁士文化部部长,阿道夫·格里姆(Adolf Grimme)1959年5月24日在一封写给一位年轻老师的信中提到,诺尔给他的弟子们带去了既深刻又鼓励独立的影响,并回忆道:'这点连当时那些残酷的人都感受到了。只要你是诺尔的学生,就足以作为一个抱有诺尔式的人道主义信念的教育者被排除出培植非人性的体制。'[……]诺尔本人被允许在职位上留任了几年,当然,是作为不受欢迎的人。"

希望您在国内寻找机会。

您无疑将会得到我全力的帮助。如果英国可以作为考虑对象的话,那一定是最合适不过的了——然后,依我的经验,您必须尽可能快地亲自到那里展示自己并熟悉情况——当然必须带着必要的书面材料。

最好的方式是同时尝试两方面,在我们这边和在英国。

重要的是,您要详细、准确地写信告诉我您所精通的所有东西,它有多有用;这对于英国人立即作出决定来说远远比"个性"重要[。]这个经验我是从布洛克(Brock)的事情中得到的;当时,我的推荐信很显然将侧重点——对英国人来说——放在了相反的方面。

我星期三回来,之后肯定还必须去达姆施塔特的夏令营。和以往一样,不管我有没有"时间",无论如何我都会去办您的事情。

假期还剩下几天了,尽管充满劳顿,我过得还是很不错。

八天前我在托特瑙山第一次夏令营①,我学习到了很多。在夏令营进行一半的时候我被迫开除了20个人——他们不适合夏令营。所以夏令营对每个人来说都是一项艰巨的考验,也是危险的。

在那里一开始的时候我遇到了来自其他大学的学生的巨大阻

---

① 对此海德格尔曾在他的《事实与思考》(Tatsachen und Gedanken)中谈及他"1933/34年间的校长职务"(a.a.O.,S.36f.)时说:"1933、1934冬季学期的真正的前兆就是'托特瑙堡的夏令营',在这次夏令营中,教师和学生本应为各自的工作做了准备,而我关于科学和科学工作的本质的观点也应得到细化、论述和探讨。[……]它成为了一段不愉快的过程,甚至以一种痛苦的,然而我又必须接受的方式,我当时不想在整个即将到来的冬季学期一开始就一事无成。"关于夏令营,当时作为学生参加了的新教神学家海因里希·布尔(Heinrich Buhr)在他的回忆文章《尘世神学家(Derweltliche Theologe)》做了记述,收于《回忆马丁·海德格尔》,君特·内斯克(Günter Neske)编,普福林根,内斯克出版社,1977年,第53页。

力,最终我克服了它们。

亲爱的伊丽莎白,我无比地希望快些见到您并和您交谈。我在任何时候都随时准备满足您的愿望和需要。

怀着真挚的友谊

您的马丁

65

伊丽莎白·布洛赫曼致马丁·海德格尔

1933年10月23日,魏玛

阿姆·霍恩街55号

亲爱的马丁:

我在这里给您寄去了我的生平履历和工作记录。我需要您为我做的,这么说吧,就是写一份您对我个人和精神的鉴定评价。因为我想要针对学者的救助机构为我提供帮助,所以需要交给他们有关我学术资质的证明,因为我毕竟确实没有获得教授资格。我希望在英国干何种工作,已经明确在前一封信中说明。那两份附加的材料我也一并附在我的申请信中。总而言之我预期的是教育学方向的教育或教学工作,抑或是德语方面的教职。因此,这些似是必要的,即您将我在学术上之良好的教育[此处上方写着:或者中小学教育?]或者一并将我的禀赋和与实践的密切关联加以证实,尤其是在不同类型的女子教育方面的丰富实践(公立中小学,高中,[删去:学院,即女教师培训],师范类高校,公益教育研习班[此处下方写着:幼儿园等,保育所],护士培训)。因为怀抱构建实践生活的责任感而不仅仅囿于书斋,对英国人而言非常重要。我擅长的工作领域是:教育史(精神史)、现代教育学、妇女史和女性教育的问题。——在教授德语方面或可强调,我非常熟悉德国文学。

我的外语知识(法语和英语)完全合格——我正准备将它们进一步充实一下;我在外语上的语言天赋和理解能力,是完全足够的。但是我已自行将我语言知识的一段说明写在了申请信之中。这基本上倒不过是直关主题的只言片语（也算翔实），可以用来为我做好铺垫。

亲爱的马丁，您可能已经确信，我但凡能在德国见到一线生机，就会留下来。但是，我却了无所获。而且，您也很难帮我找到机会。强制离职的决定一旦被官方宣布并实行，就再也不可能被收回了。一锤定音之后没人可以得到特殊对待。谢谢您的来信。看来您着实是想留在弗莱堡，这也是一桩美事。问候您和爱尔福丽德。只要您方便，请把证明寄给我。

献上衷心的问候
伊

66

伊丽莎白·布洛赫曼致马丁·海德格尔

1933年10月28日,魏玛

阿姆·霍恩街55号

亲爱的马丁:

谢谢您的证明。它与我所具备的其他材料一起,定会大有助益。再谈谈所谓"其他的可能"吧,您一直寄希望于此。甚至连德国的红十字会都不任用任何和我情况一样的人,谁还能任用我们呢?当然,真正的犹太人去那里要容易得多。像我们这样的人,现在是全无归属,因为人们不会关注到那最深隐难知的归属问题。所以,人们必须远走他乡,乞求寄人篱下——痛苦之剧烈,可想而知。

如果我不是必须突然离开的话,下面几周我还会待在魏玛。如果您能光临寒舍,我一定非常欢迎。在此期间,我住在一所小公寓里,就在公园后边,风景秀丽。并且人们只能见到树木,德国的树木和万里晴空。

向爱尔福丽德多多致意。她可一向安好?工作是否顺利?

衷心地祝愿

您的伊丽莎白

[在接下来几个月——直到1934年12月——都没有海德格尔的信]

67

伊丽莎白·布洛赫曼致马丁·海德格尔
  1934 年 2 月 26 日,玛格丽特夫人学院①,牛津

亲爱的爱尔福丽德,亲爱的马丁:
  你们兴许在这几日也会回想起去年在木屋度过的冬日时光。我带着对你们感恩的记忆,献上我的问候。你们或许已经从格特鲁德②那里获悉,我如今已经在这里了。我受学院之邀,在她那里做客数月,并顺便帮助教教德语。一切都很随便,充满友善,没有为后计的老谋深算。但是,这却是对我的莫大帮助。下一步要做什么充满着各种可能。此时此地,我非常感激能够在这里。这里的人让人感觉愉快欢欣,那些与我常常在一起的年轻姑娘们尤其善良。家里的气氛非常惬意,了解一下英国的教学情况真是大有裨益。我目前对英国的一切都如此地感兴趣,以至于忘却了自己命运之现状,并有这样一种感觉,好像我只是在旅游。但如此光景,又能几度春秋呢!因为最近贝特尔方面③告诉我——那时我正

---

 ① 牛津大学当时的女子学院之一。
 ② 可能是格特鲁德·鲍尔默(Gertrud Bäumer):女,1873 年 9 月 12 日生于霍恩利姆堡(Hohenlimburg),1954 年 3 月 25 日卒于贝特尔(Bethel)。公民女权主义者,作家,最初是公立中小学教师,1916 年到 1920 年在汉堡社会教育学院担任主任。1919 至 1933 年代表德国民主党任帝国议会议员。1920 年至 1933 年任帝国内务部参议,1933 年被解职后作自由撰稿人并任《妇女》杂志编辑直到 1945 年。与伊丽莎白·布洛赫曼和海德格尔相识。可参考:伊丽莎白·布洛赫曼的《回忆格特鲁德·鲍尔默》,载于《文汇》1957 年第 8 期,第 623 页;《格特鲁德的书信》,载于《文汇》1957 年第 12 期,第 476 页。
 ③ 比勒菲尔德(Bielfield)附近的一个新教医疗机构。这个机构由牧师弗里德里希·封·鲍德施文(Friedrich v.Bodelschwingh)创建;附属于一所教会高校。

好在家——任何非雅利安人都不能找到工作,所以我连在德国找份最卑微的工作来勉强度日的希望都破灭了。

不久前我在来的路上读了你们的书①,为此我非常感激。它让我非常着迷并不忍释手,它的内涵丰富得惊人,其中糅合了诗歌和政治、神话和理性——其中也许恰恰记录了欧洲此度危急的命数。

你们的生活可还顺利?亲爱的马丁啊,自秋天以来您就没给我写过一封信!通过魏玛的转寄,我没有错过任何一封信。在圣诞节收到你的卡片之后,我就想,不日就要收到您的来信了!并为此欣喜不已。您的孩子们可都健康?劳动营的姑娘们情况如何?这个学期过得怎样,可有些新的、好的东西在弗莱堡诞生?还有亲爱的爱尔福丽德,您的工作是否顺利?您知道,我一直寄心明月,日夜伴君。

愿无忘怀于我,望君珍重!

你们的

莉茜

---

① 无法确定。或许指的是恩斯特·荣格尔(Ernst Jünger)的《劳动者:统治与形态》(Der Arbeiter. Herrschaft und Gestalt),汉堡,1932 年。海德格尔在当时和后来都从事这本书的研究。对此,他后来在他的著作《面向存在问题》(美因河畔法兰克福,1956 年)中,作出过交代。此文最早先以《关于〈路线〉》为题,作为荣格尔 60 岁诞辰纪念文集的文章,出版于 1955 年。现收录于《海德格尔全集》第 9 卷,1976 年,第 385 页至第 426 页。

68

伊丽莎白·布洛赫曼致马丁·海德格尔

1934年3月10日,牛津
玛格丽特夫人学堂

亲爱的马丁:

刚刚收到艾里希·维尼格的来信,他在信中谈了谈弗莱堡的情况,也提到了你们。两位和我交好的友善的女学生正计划着前往弗莱堡,这让我禁不住想到,现在要是在那里该多好啊!我刚度过了一段艰苦的时间。人们给我提供了在荷兰一所学校担任领导的机会,这所公学是(荷兰、英国以及德国的)贵格会打算建立的。他们志在使其成为国际性的贵格教会学校,最开始接收一些非雅利安种族的德国孩子,之后希望能接收荷兰和其他国家的孩子。要临事决断,真是说不出的困难。我了解在荷兰欧恩(Ounnen)[?]附近的埃尔德城堡(SchlossEerde)的情况,学校就将落成于此——此间风景美不胜收。我认识许多英国贵格会成员,他们是当地的名士并极富同情心。年轻的教师团队,新的住处,新的工作——这可能会成为一生的工作——来自所有方面的信任。最终我却无法答应他们。这不是因为目前支撑整个计划的经济基础十分薄弱。人们倘能殚精竭虑来做事情,像一个领导者应该做的那样把这个学校的理想完全当成自己的,那么事业就一定会开花结果。因为很久以来,这里的贵格教徒就渴望实现建立这样一所国际性学校的理想,所以他们都会鼎力相助。但是我做不到。不让孩子们在"家乡"落地生根,也不给他们归属于自己民族的安全感——我们都获得了这种安全感——这样的教育我无法信任。我觉得能得到贵格教徒的坦诚相助真是一件好事,没人像他们这样认真地提供"无差别的帮助"。我并不能将我的一生交给这所学校,以此实现该学校的意义。因此我拒绝了他们,宁可重新回到完全不确定的未来之中。

从现在直至7月1日,我确定会一直客居在此。当我第一次在英国与家人别离而居的时候,就必须适应这种千里违隔的生活,生活在这里已经是非常舒适的了。而我要做的,是上德语课并和女学生们用德语来交谈。这样,就可以——时而保守一些,时而深入一些——唤醒这些年轻心灵中对自己最宝贵的东西的爱。人们和过去一样,并且一切都轻松了一点。[在边上写着:经济上也过得去,因为我有些讲课费的收入]。并且和客居异国者通常都能做到的一样,在此期间,我更加清楚地了解了这个陌生的教育系统。可惜在周一假期就要开始,并一直持续到4月底,我还不确切地知道假期过后会发生什么。在这里人们只在学校里住六个月(一年3个学期,每学期两个月),学期之间学校关闭。不过,可以确定的是,我总能找到事情做,至少是个能够安心工作的机会。

此外,我几个月前在一份英国杂志上发表了一个关于德国儿童救济和弗吕波尔所作的工作的报告。对此,一位叫芬德利(Findley)的老教授——他在伦敦很有名望——对我发起了愤怒的攻击,称我是"昏了头的纳粹"!这是公众看法的一个典型例证,说明这里的人们如何地不信任一切不咒骂当下的德国而是尽可能地客观描述它的说法,也说明他们无法理解当下发生的事。他们只看到种族主义的立法所带来的一切现实的苦难,以及食不果腹、无家可归的人们流落到他们的国家。因为他们自己的民众不了解种族纯粹性的理想[在边上写着:他们对此完全没有概念],而自豪于他们民族的同化能力,这种能力千百年来一直有节制地吸取着新的民族成分,使得这些新的民族成分也确实真正地完全融入了这个整体。在此,英国的教育体系以及一种非常稳定持续的生活方式(天真的生活,休闲文化,政治传统等)[在边上补充道:他们的保守主义在此也有影响]发挥了重要的影响,它们真正塑造了一个典型,一个民族的典型。这是他们的骄傲。这真是一个最幸运的民族。

关于牛津大学的事情,本还有很多要讲,但我想还是就此辍笔为好。您这两天也给我写封信吧!献上对您全家诚挚的问候(约格在斯图加特一向可好?)!

来自
您的
伊丽莎白

69

伊丽莎白·布洛赫曼致马丁和爱尔福丽德·海德格尔

1934年3月28日,牛津

玛格丽特夫人学院

(到4月21日转邓尼克

刚菲尔德楼,诺尔哈姆·格登斯大街19号,牛津)

亲爱的海德格尔夫妇:

恕我今天才开始写信。我在伍德布鲁克学院待了两周,在这里,有太多关于这个国家、它的人民和它的理想需要聆听和学习,以至于我懒于提笔了。并且,虽然我在此重新理解了英国的贵格教会及其宗教热忱,但是我倒还是为我关于荷兰的决断感到高兴。

你们邀请我现在去你们那里,让我感到非常高兴!但是这里英国人[在信的页脚补充道:确切地说是在英国的德国人]——我必须仰仗他们的帮助——恐怕不能理解,我在短短几周后就又进行一次耗资不菲的远游(尽管是在朋友的帮助下)。所以,这个假期,我就必须静静地熬过,尽管我也非常乐意接帖赴会。我希望能奋勉工作,因为在之后这个季度的忙碌之中就机会渺茫了。不过,要是之前能再次谈谈、听听、看看,甚或讲讲你们的近况,就已然是一桩赏心乐事了。

马丁，也谢谢您的两篇文章①。其中一篇唤醒了我记忆中木屋山居的情境，也同时令我感到遗憾，因为现在这一切仅仅存在于文字中了。我衷心地祝福你们，希望你们这段时间在山上过得愉快。

由衷地祝福

你们的莉茜

---

① 第一篇文章是《富有创造力的地方：我们为何栖居乡里?》(Schöpferische Landschaft：Warum bleiben wir in der Provinz)，发表于《通往新岸》(Zu neuen Ufern)，《阿勒曼尼人》(Der Alemanne)杂志每周文化副刊，第9期，第1页。(《阿勒曼尼人》系上巴登州纳粹主义者的宣传期刊，创刊于1934年3月7日。)海德格尔在第二次拒绝在柏林大学任教之后立刻将此文发给柏林电台。第二篇文章未确切查清，在由伊·布罗赫曼保存的海德格尔的资料中有一份关于第一篇文章的打字稿复本。

70

马丁·海德格尔致伊丽莎白·布洛赫曼

1934年12月21日，弗莱堡

亲爱的伊丽莎白！

我现在开始写这封信的时候，已经快要到圣诞节了，而信的内容已经在我脑子里构思了好几回。在早晨您阅读荷尔德林（第6节第11行）的时候，我已经开始了讲座课①，并正好节选了1899年1月1日的信件②的一些部分。而昨天我则以1901年12月4日的那封感人的信件③而收尾的。

"谈论"诗（Dichtung）和一个如此的诗人就已经非常困难了，而将这些言说再宣讲一遍，就尤其困难了。我凭借着目前对《日耳曼》的诠释，完全从晚期诗歌的最核心处着手；确切地讲，恰恰是为了拒斥所有错误的合时代性（Zeitgemäßheit）。我将在诗中存在、回荡着的基本情绪强调了出来：作为既有困境的今天的悲伤——这种基本情绪划出了本真的形而上学困境所在的地方，在它的范围内才能再次在总体上原初地体验诸神与众人的存在。

对诗的基本观点建立在《怀念》（Andenken）的最后一行诗上：

---

① 《荷尔德林赞美诗〈日耳曼〉与〈莱茵河〉》，1934/35年冬季学期，《海德格尔全集》第39卷，1980年。

② 《与兄书》，《荷尔德林全集》第6卷：《书信》，阿道夫·贝克（Adolf Beck）编辑，上卷：文献，斯图加特1954年（斯图加特版荷尔德林文集，弗里德里希·拜斯纳（Friedrich Beissner）编辑），第172封信，第302页至307页。

③ 致卡西米尔·乌尔里希·波伦多夫（Casimir Ulrich Böhlendorff），出处同上，第236封信，第425页至428页。

"留下的东西将由诗人来创造。"("Was bleibet aber, stiften die Dichter.")诗人就是那个预先创造存有(Seyn)的人——诗人以预先塑形的方式建立存有(vorausprägend gründet),并在第一词称呼和言说中将存在者(Seinde)提升到存有(Seyn)之中。

荷尔德林预先创造了我们历史的此在即将开始的困境,这样困境便等待着我们。

而我们的困境是无困境(Notlosigkeit)的困境,是无力原初地体验此在的不确定性的困境。对于追问的恐惧弥漫在西方;这种恐惧将人们迷惑在一条变得古老的道路上,追赶着人们逃回到一个腐朽了的屋子里。

正是今天哀悼众神死去的困境——这种困境就其自身而言是既存的渴望——为重新创造存有照亮了前程、做好了准备。然而基本情绪却不是单纯的"感觉",而是和大地与故乡联系在一起的此在的基本力量;而悲伤则是同"神圣的水脉"(heiligen Wassern)——河流(Strömen)——共同悲伤(Mittrauer)。

这样我就转向了以伟大河流为题的诗的诠释——首先是诗歌《莱茵河》,这首诗的基本情绪从第十节一开始就被道出:"我现在思忖着半神……"("Halbgötter denk ich jetzt...")。

我现在体会到了,在诠释古典作品和近代哲学家的时候长久地对确定性的自我要求带来了什么,并且,对我来说,那种自惭形秽的感觉——带着这样的感觉文学史家及其同行才敢去接触诗歌——几乎是不可理喻的。

我们的学期安排将要更改了;以后的冬季学期从9月15日持续到12月15日,然后紧接着下一学期从1月15日持续到5月15日。接下来的一年就是过渡期,这样我们在2月15日就要期末了,新学期从4月1日开始到6月28日结束。

因此我的荷尔德林专题将会在4月份继续①，我希望能够在第一次尝试中驾驭全部。整个讲座课都已经编写完毕了，所以您还有可能读一遍。我没有想过公开发表。因为我对作为诗歌的整体还太不熟悉。同时我会在高级研讨课上探讨黑格尔的《精神现象学》，在初级研讨课上探讨黑格尔的国家学说。在这段时间里我的生活会完全与世隔绝。

但是所有这一切都是为了那一直默默发展的本己的任务的准备、解释和思考。除此之外我已经不再同大学有接触了。我允许自己去做的唯一一次"课外拓展活动"，是11月底在康斯坦茨的"德意志同盟"做一次报告②，在那里我谈了一下德国哲学将来的任务。一旦我有了打印好的讲稿复件，我就会给您邮去一份。在康斯坦茨的时候我住在鲍尔森博士③那里，他在湖边有一处非常不错的房子。他的父亲，魏玛政府的前部长④，当时也恰好在那里，这样就立刻建立起了一个熟人与朋友的圈子。小鲍尔森还记得和您一起跳舞的时光；他和当时在耶拿的精神科医生宾斯旺格（Binswanger）的女儿

---

① 这门课并没有开设。海德格尔下一次关于荷尔德林的讲座课直到1941/42年冬季学期才开始，课程标题为"荷尔德林赞美诗《怀念》"。参见《海德格尔全集》第52卷，1981年。

② "德国哲学当下的境况与未来的任务"，举办于1934年11月30日。这份演讲的打印稿，海德格尔以"献给伊丽莎白，1935年4月14日，马丁"为题寄给了伊丽莎白·布洛赫曼。

③ 汉斯-康斯坦丁·鲍尔森（Hans-Constantin Paulssen），1892年6月5日生于魏玛，卒于1984年1月18日。实业家，总经理。在1945年之后任康斯坦茨工商协会主席，1954年至1964年任德国雇主联合会联邦协会主席。

④ 阿诺德·鲁道夫·O.鲍尔森（Arnold Rud.O.Paulssen），1864年11月25日生于萨克森的泽莫达，卒于魏玛。法学博士，医学博士。1930年之前曾任图林根国务部长和内务经济部长。1923年至1930年任尼采档案馆基金会主席。

结了婚；他的儿子现在是海军军官候补生，现在在"卡尔斯鲁厄"号上环游世界；除此之外他还有两个还在上学的女儿。

我们过得很好。约格昨天从斯图加特回来了。我们想在春天把他送到比伯施泰因①(Bieberstein)去，既是为了那里的学校，也为了那里封闭的生活方式。瓦道夫学校(Waldorfschule)的课程尽管好，但是太过松散，而约格对这所学校一直也不是特别的喜欢，如果不能立刻开始学习数学、物理、化学和技术的话。他现在想做——帝国国防军技术部队的军官。对此他已经到了痴迷的程度，但是也保持着他自己的尺度与合适的方式。海尔曼在弗莱堡的学校过得很不开心，这所学校一点也没有用，特别是学校里负担很重，而在纳粹少年队中孩子也不会被引向纯洁。

爱尔福丽德和女大学生们一起工作，她主要想带领她们去思考女性的职责，而不再像过去那样继续生活。[在页边插入：将女性研究的问题作为新一轮为了平等权利而斗争的女性研究]您大概也会遵循格特鲁德·鲍尔默②在这些年里再一次总结出来并在她的杂志编辑工作中运用的方式与方法。

星期天我们按照习惯回去木屋，一直待到1月6日。

您的来信给我带来了巨大的快乐和深深的内心的平静。即便在工作中痛苦会变得更深，您也要在琐碎的日常工作中保持住故乡及其精神。但是这痛苦是知识的一个本质的形式，依照这种形式，精神认识自身。在这段日子里我会格外怀念您的。

衷心向您致以老朋友的问候

您的马丁

---

① 一所农村寄宿学校，由赫尔曼·里茨(Hermann Lietz,1868—1919)创办。
② 参见第67封信注释。

〔在边缘上写着:〕我给您邮去了里尔克《晚期诗歌》①新出版的一卷作为圣诞节礼物,但是书会在路上受到耽搁;所以我在信中与你说知,因为信总是会准时寄到的。

---

① 《晚期诗歌》,莱纳·马利亚·里尔克,莱比锡,岛屿出版社,1934年。

71

马丁·海德格尔致伊丽莎白·布洛赫曼

［脱落的一页，可能是夹在：莱纳·马里亚·里尔克，《晚期诗歌》，莱比锡：岛屿出版社，1934 年］

"因我从不曾让你停下，
所以我将你紧紧抓住。"①

第 130 页

伊丽莎白
贺 1934 年圣诞
马丁

---

① 选自《歌》，收于里尔克小说《马尔特·劳利兹·布里格手记》。

72

马丁·海德格尔致伊丽莎白·布洛赫曼

1935年3月13日,弗莱堡

亲爱的伊丽莎白:

如果那两个英国女士能够来弗莱堡,并来小木屋里做客的话,我们将会非常高兴。请您把"复活节周"理解成复活节之前或之后的一周。要是在复活节之后,爱尔福丽德就不在小木屋了,因为在节日之后她要带约格去比伯施泰因(Bieberstein)。我们这学期的课今年从4月1日开始,这样一直到6月29日就既没有复活节也没有圣灵降临节的假期了。

现在还难以建议去黑森林远足,因为在山上还有很多的雪(超过了两米厚,木屋这边也有一点二米厚)。这样的话下面几周到山上徒步旅行是完全不可能的了。如果可以更改日期的话,我无论如何都建议在圣灵降临节期间或在夏天做一次远足;在这之间的时间段也并不合适。

如果日期不变了的话,我们就从木屋出发来远足,或者从这里出发去往霍恩山-特利山-奥芬堡(Hornberg-Triberg-Offenburg)的方向,这些区域的雪不像高地黑森林(Hochschwarzwald)那么大。雪当然也有可能很快融化;现在天气很冷,阳光也很好。(我明天就回山上,最起码要把"形而上学导论"这门课的基本构架统一地拟定出来;除此以外,我还要读一小时荷尔德林。)

如果您的朋友们无论如何都要在复活节的时候旅行,那我们最好将所有需要做的事情都在这里安排好。能够一睹莱茵河上游的风光也是很值得的。

上一周我在比伯施泰因呆了三天,那儿的一切都令我满意,然后我又在马堡的布尔特曼(Bultmann)那里待了些日子,他现在在那里建好了一所房子,并在这些天刚好被授予爱丁堡大学的荣誉博士。

二月初我们三个人全都得了严重的流感,直到现在症状才慢慢消失。因为流感我停掉了上学期最后两周的课。而新一学期已经临近了。我希望我们可以在夏天或者秋天见面。雕塑的照片拍得成功吗?

我感到欣慰的是,您在一个陌生的环境中也能够在人们和他们的世界中找到"家乡般的感觉",而您的工作对您来说也已经成为了一份真正的事业。

我可以想象,布洛克(Brock)不论是在个人方面还是在他工作方式的方面都难以融入那儿的生活并被人理解。自然科学和目前的古典语文学的道路都已经铺平,并且可以马上进入到直接的共同工作之中。我在辗转途中听说,好像布洛克的工作已经有所进展了。

我原定3月底在罗马做的报告必须要取消了,因为流感以及缩短的假期,以及我必须下很大的工夫来为夏季做准备,我已没有精力再做这个报告了。也许您可以写信告诉我您什么时候会在魏玛。

怀着忠诚的友谊致以诚挚的问候
您的
马丁
顺致以爱尔福丽德诚挚的问候

73

马丁·海德格尔致伊丽莎白·布洛赫曼

1935年12月20日,弗莱堡

亲爱的伊丽莎白:

直到学期结束后,我才得以给您写信,在上课的这段期间里,我只能在脑海里构思着写给您些什么。

您的照片,特别是因为我能够从中看出您内心的平和与冷静,给我带来了巨大的快乐。是的,它只是一张照片而已,然而它令我更加盼望着马上可以面对面地与您对话。

这一次我在圣诞节可以再一次给您寄去一些我自己的作品①。这当然是"从"工作中来的。真正的背景和范围都被刻意地隐瞒了,因为一切在这短小的篇幅里将不会被理解。

它来自我在1931、1932年间的那段愉快的工作——我现在已再次更加成熟地同那段时间对接。

来自多方面的要求都催促着我发表这些作品,但是我还没有决定下来,因此也请您暂时不要将这些文件交给别人。1月17日,我将应邀再次去苏黎世大学做一次报告。

我现在在讲座课中回到了古老的康德的方法上,众所周知康德从来没有谈论过他自己的哲学。这学期所有年轻的听众都很饥

---

① 《论艺术作品的起源》,1935年11月13日于弗莱堡艺术科学协会做的报告。原打印稿被加上"伊丽莎白/致以衷心的圣诞问候/马丁"的手写献词。发表于《林中路》,美因河畔法兰克福,1950年,第7至68页。(现收于《海德格尔全集》第5卷,1977年)

渴并决意要获得真正的知识——但是他们都没有做好充分的准备。我自己越来越倾向于间接的教育,即简单地摆出内容。

我被要求参加到尼采全集的庞大任务①中去了;但我还没有决定下来;无论怎样我只想做一些建议性的工作。但是这样的话我就可能有更多的机会去魏玛,也就有机会和您见面了。

荷尔德林现在有点成为"时髦"了,也在被不正确地讨论着;因此对此我也不想发表相关著作。但是我很乐意给您看一份我的讲课手稿,这份手稿已经完全整理好了。您现在对席勒有了新发现②,我感到很欣慰;如果我们可以成熟地走向这些发现的话,真正的精神的体验才会滥觞,在这种体验中人们一天天成长,而所有的事物都会变成新的。在这过程中人们必须正确地平衡好和日常事务的关系;通过这种日常工作,一切都不得不走上固定的、单方面的轨道;我是在这学期我的莱布尼茨专题练习课③上意识到这一点的;莱布尼茨也属于那些对于哲学来讲必须要被征服的哲学家。但是在练习课的框架中只有很有限的东西对于真正的准备是有用的,并且意想不到的是,人们停留于中小学生的思想方式和他们的诉求,这样便掩盖了本真的意愿。这样,回到自我与本真的热情也就愈加珍贵了。现在下一学期的新任务了已经在等着我们了。因

---

① 弗里德里希·尼采,《著作与书信》,《尼采历史考证版全集》,由尼采文献基金会编辑。慕尼黑,1933年(仅完成五卷:第一段巴塞尔时期及之前的著作;1877年即之前的书信,四卷)。

② 伊丽莎白·布洛赫曼在战后发表了多篇关于席勒的论文:《席勒与伤感主义》,发表于《德意志文学与精神史季刊》,第24期,1950年,第483页至499页;《席勒戏剧〈强盗〉中走失的儿子的主题》,发表刊物同上,第25期,1951年,第474页至484页;《席勒的"优美女性"概念》,发表于《文汇》第10期,1955年,第430页至第437页。

③ 1935—1936年冬季学期开设的中层研讨课"莱布尼茨的世界概念与德国唯心主义"。

此,如果人们可以慢慢地开辟出一个圈子,其中根本性的任务可以反复被关注,这会是很好的。到现在为止,我更多的是在一条非常曲折的路线(eine sehr ungerade Linie)的方向上,让自己向着无限运动——逐渐地,我发现这条道路是在画一个圈,而且这个圈子有一个真正的中心。

以"对《存在与时间》的批判"为题的文章在逐渐增多。我慢慢地理解了这本书,我现在可以清楚地把握住它的问题;我看到了隐藏在这本书中巨大的疏漏,但是也许人们为了达到跨越(Sprung),就必须做这些"跳跃"(Sprünge)。现在只有再一次将这些问题更加源初地、更加远离所有当代的人以及学习者与教授者提出,才是有意义的。

另外,我们一家人生活得很平静,在采林根也很满意,假期我们会按照惯例到小木屋去,那里也许已经被大雪覆盖住了。

祝您和您的家人过一段美好的日子,以老友的情分向您衷心地问候。

您的
马丁

亲爱的莉茜,衷心地向你问好!我也希望您近期可以来这里一次。您衷心的爱尔福丽德。

74

马丁·海德格尔致伊丽莎白·布洛赫曼

1936年6月27日，弗莱堡

亲爱的伊丽莎白：

我直到临近学期末才得以给您写这封信。在意大利的旅行①结束后我完全没有做准备就进入了学期工作之中，这一学期要求开设一门新的讲演课和一门新的练习课。这样我一直没有间断地工作到昨天——甚至圣灵降临节也没有休息。从意大利归来后一直都有一股热情在支配着我，并且我相信，我完成了一些东西——以放弃那些在工作的困境中轻易被遗忘的财富为代价。

我经常想念您和您的工作，这种想念也与这样的愿望联系起来：也许这个夏天可以给我们带来一次重逢。

预计7月底在尼采档案馆会有一个会议，也许我们有机会见面。我当然还不知道这是否会和您的假期计划冲突——或者，您是否想要干脆再来一次黑森林。

我的假期还像以往一样简简单单地划分成几段，大部分时间会在小木屋里度过。特别是在夏天，我希望那计划中的事情的一大部分可以实现。

---

① 见下一页注释。

被推迟的关于荷尔德林的报告①,肯定只能以基本构架的形式给出一个概览,我的系列讲演课都建立其上。只有当它被放回到对作品的真正诠释中时,这种总体性的陈述才会是对的。没有了这个一切都会变得尴尬,变成那个"关于"不服务于作品、而仅仅把作品当做讨论它物的契机的东西的讨论。

我发现,我们始终与这种态度有一定的距离,这种态度只有以对理解作品的最大努力远离作品才可以成功。

这样我在这个夏季学期的练习课上会探讨康德的《判断力批判》,我每星期都对人们一百三十多年来从这部著作中获得的东西倍感惊异。

看起来好像为保护传统而进行的斗争已经将我们消磨殆尽了;创造本己的东西,保卫伟大的东西——这二者都超越了人类的力量。

但是,如果这种保卫并非产生于重新消化吸收,这种保卫就还不够强大。

这个圆圈没有出路,以至于那本己的工作时而显得重要,时而又会显得无谓而拙劣。

但是只要还有一个隐蔽推动力的内在必要存在,那整个行动就还有超越个人的合法性。

在冬天我要和初学者们一道读席勒的《审美教育书简》②;如果

---

① 《荷尔德林与诗的本质》,海德格尔于1936年4月2日于罗马所做的报告。他给讲稿打印件的副本加上了"1936年4月14日/马丁"的献词并"有些晚"地寄给了伊丽莎白·布洛赫曼。这份讲稿1937年作为单行本发表,并于1944年发表的《荷尔德林诗歌诠释》中重新刊印。现收于《海德格尔全集》第4卷,1981年:《荷尔德林诗歌诠释,1936年至1938年》。
② 1936/37年冬季学期初级研讨课:"席勒艺术哲学著作选读"。

年轻人们再次接触到了一个新的视域,在其中,他们依一定的秩序详细讨论对艺术的追问,且不会变成空洞的陈词滥调的牺牲品,那么这本书会变得有价值。

带着这些内心忧虑,生活在静静地继续着——几乎同生活在乡下没什么分别,只是会被城里必要的授课打断。

祝您这假期的时光过得精彩,可以为接下来的工作积聚力量。

怀着真挚的友谊衷心地祝福您

您的马丁

75

马丁·海德格尔致伊丽莎白·布洛赫曼

1937年4月14日,弗莱堡

亲爱的伊丽莎白:

这次为您生日写的信下笔太晚了。我始终在计划着给您写信,学期伊始的工作却使之延后。与其说这次开始的是极其庞杂的外部事务——这些事务正在减少——不如说是工作的良好发展势头,这个势头已经前所未有地持续了几个月了。在这段时间里思想越来越富有静谧的魔力,而从那里到来的问候也远比通常情况下的更真挚。

这样,作为生日的问候,我只想和您谈一谈关于这种思想的态度。除此以外您还需要的东西,您将会通过您在世界中的生活和工作取得。在这过程中对于小市民文学时期的研究无疑得到了巨大的发展。在我关于这个学期和练习课一起继续开设的尼采讲演课①中,我越来越注意到,我们对于19世纪的这段神秘的时期的正确了解是多么有限;关于这段时期的知识我们已经知道得过多了,但是还完全没有基础和立足点(Grund und Boden),在这之上才能得到真正的、历史的理解。

在尼采那里这种神秘的东西(das Rätselhafte)被推向了极端,如果他看上去陷入最粗陋的生物主义中,并在对该方面最肆无忌

---

① 1936/37冬季学期:"尼采:作为艺术的权力意志",《海德格尔全集》第43卷,1985年。

悍的夸张中追求一些完全不同的事物且得到了它们——尼采没能在其决定性的著作中构建出这些东西。我现在到底是学会了,在所有伟大的思想家的最令人感到奇怪的地方(im Befremdlichsten)才能够真正在近处体验他们。这也有助于在自身之中看到那种令人惊异的东西,并使之发挥作用,因为如果它成功的话,那它明显是在本质上成功的根源。

我们是否可以在这个夏天①相见?家里面变得安静了,因为现在连艾丽卡②(Erika)也走了,她去布劳恩山(Blauen)后的小山谷里的一处牧师家了,为了在那里学习操持家务。约格从4月1日起要在梅尔松根(Melsungen)的卡塞尔那里做半年的青年义务劳动,他通过了高中毕业考试:数学、自然科学、技术全优。相反历史却只得了4分③。然后他在秋天里还要在一个工厂中做半年的实习劳动,然后会去高等技术学校学习。海尔曼明年高中毕业。爱尔福丽德过得很好,她身边有一个由女大学生构成的愉快的圈子,她和她们一起工作。——我的《荷尔德林》④的第一版在付印前已经售完了。我现在还不知道,我是否还能有幸就这个名字再做一些更宏大的工作。我现在已经在期待着圣灵降临节的时候再到小木屋

---

① 在1937年夏季学期海德格尔开设了一个题为"西方思想中尼采的形而上学基本观点:同一者的永恒轮回学说(Nietzsches metaphysische Grundstellung im abendländischen Denken: Die Lehre von der ewigen Wiederkehr des Gleichen)"(《海德格尔全集》第44卷,1986年)的讲演课,并领导了一个工作小组来完善这一课程。

② 海德格尔夫妇的养女,在其亲生父母(同爱尔福丽德有亲戚关系)1935年去世之后依遗嘱被海德格尔夫妇所收养。后来嫁给了威廉·丢勒(Wilhelm Deyhle)牧师(参见第102封信)。

③ 德国为5分制评价体系。

④ 见第74封信注释。

去了,在那里我会给您再写一封更为详尽的信。

怀着真挚的友谊衷心地问候您

您的马丁

爱尔福丽德同样让我向您致以衷心的问候。

76

马丁·海德格尔致伊丽莎白·布洛赫曼

1938 年 4 月 12 日,弗莱堡

亲爱的伊丽莎白:

向您的生日致以衷心而美好的祝愿。您知道这份祝愿指的是什么。您所背负的和您的世界本已地保有的东西,它们充满了新的要求和实现这些要求的可能性。

在另一个国家,您将会在许多方面慢慢地适应的,然而,那些您所带去的财富也许会变得更加富有价值,特别是它摆脱了那些偶然的东西,而只会展示出它本质的力量。每当您告诉我您可以完全投入到工作之中而不受那些陌生的和外在强迫的东西的影响时,我就非常地高兴。也许偶尔您会缺少直接的赞赏和共鸣,还有那些被人们称作促进性的交流的东西。但是对我来说,那些东西完全终止了,我们进入到了这样一个时代,在其中所有根本性的东西都必须经受住异于以往的、更加严苛的孤独(Einsamkeit)。尽管这些创作者的"孤独"现在也已面临着变成流行的空话的危险。但是也许这种"孤独"会再一次被保护起来,并因为更加无法触及而变得更加孤独。孤独并不是产生于属于自己的人或物的缺席,这对它来说并不重要,重要的是另一个真理的到来以及单纯奇异的(Nur-Befremdlichen)和唯一的东西的降临。因此孤独从不会从外面被排除,也不愿且不能自己逃离。

我相信,一个孤独的时代一定会向这个世界袭来,那时它将会再一次获得崭新的、创造的生气,这种创造将本质的力量(Wesenskraft)还给万物。

我在这一学期有一次休假，如果幸运的话，我想为一个有效的结构做些准备工作。我们家里变得更安静了。月初时约格去卡尔斯鲁厄开始了他的新学期，海尔曼在弗罗伊登施塔特（Freudenstadt）做青年义务劳动。所以两个孩子都在附近，但是一切还是和以前不一样了。为此艾丽卡又回来了。爱尔福丽德过得很好，她的工作（采林根的《母亲和孩子》课程）给她带来了很多欢乐。夏天我想在木屋里多待一些日子，在那里一切还都是老样子，只有托特瑙山在过去几年里好像变得更有生机了。对此我们没有太多注意。我们今年是否有机会见面？如果可以的话，那该多好。

祝您工作顺利，内心平静，怀着忠诚的友谊向您衷心地问候！

您的

马丁

顺致爱尔福丽德的问候。

［1939——1946年间的信件与明信片遗失］

77

马丁·海德格尔致伊丽莎白·布洛赫曼

1947 年 3 月 3 日,弗莱堡

亲爱的伊丽莎白:

请您原谅我使用的字体①,因为我不习惯这些字母。

您温馨的生日问候②准时地抵达了木屋。那份快乐直到今天还回荡在我心里。除此之外我也在一边写作,一边等待。我感觉到,也许只有面对面的交谈,而非想法和怀念的破碎的谈话,才能够弥补这些被打断的时间。只有这样文字才能再次获得真正的空间。在此期间您已通过爱尔福丽德,我们也通过您之后的信件更清晰地了解了"我们的"生活。

在过去一段时间里我经常想,您在英国的那段经历现在对于我们的关系来说是多么有价值啊。因为那些"学说",管它是新是旧,是行不通的。如果我们不能清晰地看到,什么在整体上和大地上的人类世界在一起,这样也不行。然而尽管如此,难道我们不能直接地、不间断地防止非人性的东西爆发?这种非人性的东西,我们没有马上认清它的诡计,并不加怀疑地将权力的游戏让渡于它。一定要唤醒、引导、巩固善的力量。但是最近有一位虔诚地信仰天

---

① 受同盟国跨国信件检查制度的要求,海德格尔是用拉丁字体写的这封和下一封信。

② 1946 年 9 月末,伊丽莎白·布洛赫曼在战后从英国写给海德格尔的第一封信寄到了木屋。在基督降临节的第一天,布洛赫曼的第二封信写给了爱尔福丽德·海德格尔,后者马上给布洛赫曼写了回信。

主教的朋友——长久以来他像是一位圣徒——向我承认,面对深陷贫困的德国民众,甚至上帝的仁慈也无法要求救赎的真理(Heilswahrheiten)。虽然在全部沉思的东西中有一种意欲获得洞见和纯粹的意志的巨大努力。但是现在,我们和以前一样长久地处于欧洲的中心;因此那厄运还会以一种完全不同的暴力支配我们。"西方"也许已经在某个时刻衰落了,因为还没有人谈过这个。长久以来,别的"势力"都是真实的。但是尽管如此问题还存在着:这种真实是否是一个开端,或者只是一个过程的终结,这个过程将三百多年至今的时代规定为现代。那使得星空变得昏暗的过程不可能是扮演帮凶的一个个单个的人的造物。

也许我当时写的东西很容易被误解。也很难不假思索地说,我们也就是人类,也许是被一种现实所决定的,面对这种现实我们的认知和认知的范围始终没有增长。按照马克思主义的说法:在技术性的东西的力量下(我认为现代心理学与心理教育学也属于这一类),"文化"和"精神"、"道德"和"文明"都沦落为纯粹的技术手段。如果在广泛的、基本的意义上理解话语,那么精神的统治形式就是新闻业。但是这只是一个简单的表达,且已经不算充分,因为技术在最广泛的意义上甚至不再是"技术性的东西"了,而是"精神",也就是存在者在整体上变得可见、并作为可见之物进行统治的方式。所有这一切也可以这样简单地讲:我们还不知道什么是技术性的东西①——它既不在于原子弹的机制,也不在于人制造出

---

① 海德格尔于1949年在他在不莱梅做的四次报告《对存在之物的探究》(Einblick in daswasist)中,以《座架》(Das Gestell)这一报告对在这封信中提到的问题域尝试着给出了第一次回答,而这一问题域在海德格尔1959年11月18日于慕尼黑所做的《对技术的追问》(Die Frage nach der Technik)这一报告中得到了进一步阐释。

这种机制并将其强加于自然。技术性的东西更多将自己隐藏在这些之中——自然允许这些,人们参与对这种自然力量的可能的"掌握"并以此安排世界。技术性的东西还隐藏在这里:大地(Erde)变成了"物理学"的材料,人成为了、并且还会继续成为"心理学"的材料。

对此的决定已经在某个有精确钟点和年代的时间点上完成了,但是这个决定包含了人类世界未来的命运,并阐明了这一命运在自希腊人把同世界的联系作为 τέχνη① 加以理解——同时希腊人完全没有去预测"技术"——以来的数千年里所做的准备。我在一种如此本质的意义上理解"技术",以至于所有因果性的经验都归属于它;甚至现代历史(Historie)也是历史(Geschichte)的结算。对这些事,我已经反复思考了十五年了。我和那些"存在主义"的云雾一点关系都没有。

随着时间的流逝,这些问题对我来说也变得越来越单纯,也因此越来越困难。人们变得更加吝啬话语了。而如果在那些至今成功的东西之中有一些有效的东西的话,那人们也不必着急了。如果您可以再来一次黑森林的话——对此我们非常期待——您就会发现那些高大、古老的冷杉变少了。您有一次曾经说,那些冷杉树看起来就像站成队列的女人。但是之后我也很乐意给您读一下我在 1940 年夏季学期时的一篇两小时的演讲稿②,是关于欧洲的虚无主义的。

我不相信,当时有人敢于在除此之外的德国和世界上的任何

---

① 希腊语:技术——校注。
② 1940 年第三学期时长两小时的公开讲座:《尼采:欧洲的虚无主义》(《海德格尔全集》第 48 卷,1986 年)。

其他地方做这个事情。但是由于将无效之物(Unwirksamen)(在"技术"的意义上)等同于非现实之物(Unwirklichen),这一类的东西和其他东西在今天人们的眼里已经不再在场了。尽管如此它们还存在;未来它们也将存在,因为"技术"自身并非是永恒的,它将在相应的时间,在存在的命运的秘密之中让位于世界和人类的某个更加本质的真理。我们和我们的子孙后代也将不会知道这些。那么我们要做的是什么? 只有小心地注意命运的暗示并顺从它。我工作的可能性还很小。怀着真挚的思念衷心地祝福你,亲爱的伊丽莎白。

您的马丁

您送我的里尔克的十四行诗集①,一直都陪伴在我身旁。

真挚而亲密的,你的爱尔福丽德。

---

① 莱纳·马利亚·里尔克:《致俄耳甫斯的十四行诗》,岛屿文库,第115卷。

78

马丁·海德格尔致伊丽莎白·布洛赫曼

1947 年 8 月 30 日,托特瑙山

亲爱的伊丽莎白:

我由衷地感谢您在信中对《思念》①所提出的意见。您说的那些是很重要的。我已经在关于荷尔德林的哀歌《归乡》的演讲序言中在许多方面做出了回答。遗憾的是我没有这本小册子的复本了,它以《荷尔德林诗歌解读》为题在 1943、1944 年间由克罗斯特曼出版社(Klostermann)出版,也就是说这在当时同我自己的事情相关:它没有公开发表,而我讲演课的笔记也被私下里删除掉了。在那本书的第 32 页:"每一种诠释活动的最后却也是最重要的一步在于,和所有阐释一起在诗歌的纯粹展现(Dastehen)之前消失。"——这对我来说无疑在《思念》中完全没有实现,因为这成功要以一个更大的困难为前提——找到一个可以供思与诗对话的领域。

我的探索也许显得有些令人惊异。也许这其中一些根本的东西,可以有朝一日激发一个可以更好理解它的人。对于理解今天人们称作哲学的东西、或者类似的东西来说,大概我的脑袋现在已经太老了。但是我总能够从山上贫瘠的风景(die karge Landschaft)中学到些东西。8 月 21 日下午的一场雷雨中一束闪电

---

① 马丁·海德格尔:《思念》,收于《荷尔德林逝世一百周年纪念文集》,由保尔·克鲁克霍恩(Paul Kluckhohn)主编,图宾根,1943 年,第 267—324 页。

打到了与我们相邻的施耐德家的院子里,在不到两分钟的时间里,木板屋顶就烧光了,而院子里也只剩一些灰烬了。人和牲口所幸都安然无恙。

最近海尔曼从俄罗斯写来信说,他的释放时间已经确定了。现在又收到了一张明信片,让我们的希望又落空了。两个人因此都要在俄国度过第三个冬天了。

从五月起我和爱尔福丽德来到了山上,当然,她经常因为物资供应的困难而必须留在弗莱堡城里。从我们搬进小木屋算起,到这个月已经有 25 年了。前一个星期我的弟弟带着他两个大儿子[①]来这里帮忙砍木柴。我们打算一直住到下雪。向您致以真挚问候,亲爱的伊丽莎白,顺致以爱尔福丽德的问候。

您的马丁

---

① 海因里希·海德格尔和托马斯·海德格尔。

79

马丁·海德格尔致伊丽莎白·布洛赫曼

1948年3月21日,弗莱堡

亲爱的伊丽莎白:

自从我去年秋天收到您美好的生日问候之后,一种莫名其妙的写作的无力令我迟迟不能提笔。当时我还在木屋里忙于工作,工作直到11月初才结束。当时我就想要写信了;但是我经历了长期专注的工作之后,就陷入了一段毫无活力的时间。我很高兴您能够有机会去了一趟哥廷根。无疑您得以亲自提供很多信息,了解到本地的情状和更多别的东西。卡尔·弗里德里希·冯·魏茨泽克①从1935年起就经常到我们这里来,到小木屋或是弗莱堡。我1942年的时候曾希望他能够来这里工作,他也乐意来这里做理论物理学的教授,但是因为教师带头人(Dozentenführer,纳粹党高校教师宣传和政治审查机构的职位——校注)的反对而作罢了。他关于自然史的一篇讲演②在一年之内以打印稿的形式邮给我了。现在海姆波尔③一家人也

---

① 卡尔·弗里德里希·冯·魏茨泽克(Carl Friedrich von Weizsäcker),1912年6月28日生于基尔,物理学家,哲学家。1936年于莱比锡大学获得哲学博士学位和授课资格,任威廉皇帝物理研究所助理研究员,1937年任柏林大学讲师;1942年任斯特拉斯堡大学理论物理学编外教授。1946年获哥廷根大学荣誉教授头衔,1957年至1969年任汉堡大学哲学教授,1970年至1980年任施塔恩贝格(Starnberg)的马克斯-普朗克研究所所长。

② 《自然史》,1948年。

③ 赫尔曼·海姆波尔(Hermann Heimpel),1901年9月19日生于慕尼黑,1989年1月3日卒于哥廷根,历史学家(中世纪历史),弗莱堡大学编外讲师,1931年任弗莱堡大学教授,1934年任职于莱比锡大学,1941年任职于斯特拉斯堡大学,1946年任职于哥廷根大学,1956年任哥廷根马克斯-普朗克历史研究所所长。妻子伊丽莎白·海姆波尔,原姓米歇尔,参见第38封信注释。

在哥廷根了，那里似乎再次聚集成了一个美好的圈子。从那所大学不断传出来的都是最好的消息。九月份我们的海尔曼迫不及待地从俄国回来了。看起来，全世界的公众对那里的劳动营里发生的事情还没有正确的认识。

我现在被邀请到巴登维勒(Badenweiler)去做几周的疗养。说到这里，我经常想起我们徒步从拜尔琛(Belchen)越过西尔尼茨(Sirnitz)到布劳恩山(Blauen)，再到巴登维勒，然后我们在那里的疗养地公园里恢复体力。亲爱的伊丽莎白，您是否还会来我们这里？来弗莱堡、到木屋这里来？

对于您正在做关于席勒的研究①，我并不感到惊讶，尽管我不能具体地猜到您将会研究哪些问题。

如果人们不停止让诗成为教育的材料(Bildungsgut)的话，那寻找和诗之间的正确关系就终究会是困难的。因为今天所有东西都作为有用或无用出现，这是公众的专政——这种专政是技术的一种功能——所决定的，所以现在乃至数百年后，也许已经不可能简单地让本质的和源初的东西得到发展了。这一类的东西现在还存在，是今天的人难以想象的。在我看来，这一进程的恐怖之处在于，数十年来这一进程已经在一个表面看起来平静的世界中做着准备了。因此所有关于存在之物的表达都容易被误解。但是单纯的修正并不能够消解误解，因为这些误解来自当时占主导却未被经验到的存在的基本经验。因为这些误解涉及存在，也就是说人们不知道它们就是存在本身，所以这些误解都立足于一个隐秘的赞同之中，这种赞同没有排除以下观点：世界断裂为两部分，而每

---

① 参见第73封信注释。

一部分都要成为全部。还在其间活动的东西都被损耗掉了。从这些经验出发,我自1933年以来早就清楚,我们熟悉的关于欧洲的表象不足以思考长久以来已经存在的东西以及——被决定的东西。

但是这些因为上述原因没有被公开地讲出来。

如果面对面交谈的话,许多问题会变得更加明确,也有可能为了持久的沉思被留存起来。但是对于这种谈话,大多数人都缺乏准备和工具,并且所有人都缺乏理应首先自我创造出来的气氛。这种情况在各个方面来讲都是令人不习惯的。但通常的情况是,人们绕开了它,也许是必须绕开,为了让习惯的东西再继续一段时间。

我们几天前收到了来自约格的第一封长信,在信中他说,他在一栋邮政大楼的修理工作中担任木工。我们希望他今年能够回来。

过不了多久我和爱尔福丽德又会搬到小木屋去了,那里的生活现在更加紧张而琐碎,但是对于思想来讲仍然是最有利的条件。

亲爱的伊丽莎白,我希望您在工作之余也会有留给自己的闲暇,怀着亲密的友谊向您衷心地问候!

您的马丁
致以亲切的问候
你的爱尔福丽德

80

马丁·海德格尔致伊丽莎白·布洛赫曼

1948年10月26日,木屋

亲爱的伊丽莎白:

我由衷地感谢您亲切的生日问候,和您那封伴着一份附件的信。您这个夏天在瑞士的时候离我是多么近啊。我经常想,我们一定要一同再在山上或者弗莱堡的家里过一段平静的时光,来唤醒那些共同拥有的忧愁与思考,并让它们的共鸣带来丰厚的成果。所以,在信中就只能笨拙地说一些不得不说和考虑的东西了。因为许多事情是有必要加以考虑的,因为我们只能在大地的视角(Perspektive der Erde)和保护(Wahrung)之中完整地去思考。我很晚才发现,如果人们现在在各处回忆起欧洲,同时忘记了这一事实,即从美国和俄国那里——这涉及真正的力量及其起作用的形式——向我们发动反击的只有欧洲性的东西,我们就无疑不得不被已经在进行全球式的思考并毫无顾忌地以此为方向安排自身的欧洲性的东西,只要我们蹒跚地走在我们自己后面。看起来,我们在三十年前就抛之身后的在根本上陈腐而粗陋的斯宾格勒历史哲学[1],现在在世界上已经自成一派了;这使我们无法指望人们为本质性思考的争论做好了准备。人们所指的同尼采断绝关系的态度,言说得很清楚。

---

[1] 奥斯瓦尔德·斯宾格勒(Oswald Spengler)主要著作:《西方的没落—世界史的形态学概论》,发表于1918年。

您朋友的诗表达了真正的体验；但是在那些无韵诗中很难分辨，是否是一个诗性的文笔能力（Stilvermögen）在言说，这些作品里的很多地方都能体会到该文笔的能力。

艺术和诗的本质在今天已经成为疑问了，具体讲是因为，人们今天能够到处平均地带着许多技法和鉴赏力穿梭于所有的艺术形式之间，并且能够——我想说——以工艺美术学的方式模仿它们。对里尔克诗歌的模仿今天俯拾皆是，然而糟糕的是，它们还不赖。这种现象在我看来比严重的衰落愈加可怕。人们今天从高水平的现代基督教哲学中获得了什么？所有一切都是空洞的，在其本身的意义上什么也带不来。

假期的几个月在这漏雨的木屋里过得很糟，很紧张。作为弥补，秋天里的日子一直都很美好，也很有利于思考。11月之前我们必须回城里去躲避冬天。我们一直在徒劳地期盼着约格的归程。他已经被囚禁到了第四个年头了，在其他方面嗅觉灵敏的国际社会看起来却对这些俘虏的命运一点也不关心。海尔曼现在慢慢地开始了历史的研究，想要在这个夏季学期去哥廷根，作为交换，也许会住在汉克家里。您今年还会再次去哥廷根做报告吗？海姆波尔一家人现在完全搬走了。最近布尔特曼一家人拜访了我们，他们刚在瑞士做了六个星期的停留。我们在诺特施莱（Notschrei）山口边上交谈了几小时时间。年初瓦尔特·鲍尔也曾提前告知要来这里。但是他大概完全沉浸在他的事务之中了。在占领区边界已经初步取消的前提下，现在我们也可以合理地希望着再一次看到您来我们这边，亲爱的伊丽莎白。您的工作一定已经出色、稳妥地步入正轨了，并在和年轻人的交往中有所收获，我向您致以最美好的祝愿。

　　　　　　　　带着衷心的怀念向您致以真挚问候

　　　　　　　　　　　　　　　您的马丁

81

马丁·海德格尔致伊丽莎白·布洛赫曼

1948年12月17日，弗莱堡

[这里伊丽莎白·布洛赫曼用铅笔写着：有关布洛克①]

亲爱的伊丽莎白！

我立即就开始给您回信了，并再一次承诺，我所做的所有事情都是为了让事情②有利地终结。和出版商进行的商谈一直在继续。这位出版商在我的请求下于10月、11月两次用挂号空邮不仅向英国的出版社，而且还向美国的出版社求助。但是这两处都没有任何回复。我没有进一步的办法了。请您不要忘了，我们是完全没有权利的。我们对那些已经出版的东西没有版权。这些出版社可以向我们在个别情况下自愿地，而非义务性地许以承诺。我于1947年夏天在一个简短的评注中了解到，布洛克要给译稿写一个导言，对此我根本没有多想，因为我将这个导言只看作一个简短而有节制的提示。直到他来这里看望我，我才知道他在从事一个大的工作，这项工作占据了他很多时间与精力。

在这期间布洛克给爱尔福丽德和赫尔曼寄了很多封信，这令我感到十分吃惊。患病和上述的工作之间并不存在因果联系。我一直在想这件事情并和布洛克身边的朋友商量怎样才能帮得上忙。通过那次我在他家时他向我报告的他的黑格尔研究计划，我

---

① 参见第57封信注释。

② 指允许《存在与时间》英文选译本（维尔纳·布洛克译）出版的事情。英文选译本1949年于伦敦以"Existence and Being"为题出版。

可以清楚地看出，他的导言一定会有一些重要的观点，也一定会起到澄清问题的作用，假如人们想要在那里或者是在美国出版我的作品的话。我本人没有见到过这份翻译，也没关心过别的版本的翻译，比如法文版。对此我不感兴趣。但是因为英国和美国方面同样承认了我的版权，我就让出版商去处理这件事情。

您能够做的唯一一件事情是，敦促英国出版商答复法兰克福的克劳斯特曼出版社①，并同美国方面直接建立联系。我已经迫切地请求后者采用布洛克的导言，而不是李岑斯（Licenz）为英国方面写的导言。

如果我可以亲自审核一下布洛克的导言的话，我就可以决定是否让他不在瑞士，或者在更好的情况下在我们这里出版了。我对他的担心并没有变，但是我的能力在各个方面都是有限的。

我们再次向您问好！
您的马丁

［1949年间的信件缺失］

---

① 维多利奥·克劳斯特曼（Vittorio Klostermann）1901—1970，1930年于美因河畔法兰克福创办了以其名字命名的出版社，在此之前是波恩的弗里德里希·科恩的代理人。《海德格尔全集》的出版商。

82

伊丽莎白·布洛赫曼致马丁·海德格尔
［风景明信片：巴黎…漫步，圣母院远景］

1950 年 9 月 25 日，巴黎

亲爱的马丁：

在九月的最后时节，我带着始终不变的衷心的祝福怀想起您。获悉您现在终于能再次获得教师资格①，我感到很高兴。我祝愿您能在与年轻人最近的交流中心满意足。因为我们去年冬天没能见面，所以我一直都愁闷萦怀。假如我及时知道您去了不莱梅②的话，我一定会从汉堡出发，前去与您会面了。

孩子们，您令人怜惜的儿媳，以及您夫妇二人都还好吧？

我现在和我的一位女性朋友在此度短假——这还是头一回，也被这座城市的美景所震撼。令人特别快意的是，能在此遇到亲爱的瓦尔特·鲍尔。他同我的友谊当归功于您在柏林的拜访结识。我们都很想念您全家。此情本笺可鉴。

由衷地祝福
伊丽莎白

我也为您和您全家，献上我全部的美好祝愿和衷心的问候！

您的瓦尔特·鲍尔

---

① 海德格尔在 1950—1951 学年的冬季学期，再次获得大学授课资格（可参看第 83 封信的注释；他在 1951—1952 学年的冬季学期，第一次开设了题为"什么是思想？"的讲演课）。

② 1949 年 12 月，海德格尔在"不莱梅俱乐部"以"'存在之物'概览"为题，做了四次报告（"物"，"座架"，"危险"，"转向"）。在此，参看 H.W. 佩赛特（Petzet）的出处相同的引文（第 87 封信的注释），第 59 页至 69 页。

83

马丁·海德格尔致伊丽莎白·布洛赫曼

1950年12月19日,弗莱堡

亲爱的伊丽莎白:

您总是萦绕在我脑海里,也让我怀念起过去的时光。在那些岁月里我们留下了永恒的东西,尽管拖沓的作风、长久的分离和时代的境况也带来了足够多的烦恼。

看起来,我们这一代人的生活再不会从世界的阴暗和混乱中走出来了。尽管如此,我们每个人都用各自的方式,带着光芒(ein Licht)在身上,这光芒要比其他的都要明亮、纯洁,从那些残存的东西中放射出来。当您在过去的岁月里如愿以偿地来到我们这里的时候,是多么美好而令人身心愉快,富有成效而充满希望。我们是否还能够在明年相见?

我现在离职了①,将在明年正式退休。这个冬天,我私下在我们的房子里和青年学生们开设"阅读中的练习"。这是一个尝试,因为我已经失去了固定和学生们接触的机会,也再没有争取到这样的机会,因为我在目前的局势下不能够讲课。

关于我在过去十五年中走过的路,我在《林中路》②中已经提到了一些了。您的工作日和在那里的任务,肯定会使您几乎没有时

---

① 1946年末海德格尔接到了禁教令;1950年海德格尔离职;1951年正式退休。

② 这一文集收录了海德格尔1935年至1916年间的重要文章,1950年在法兰克福的克劳斯特曼出版社出版。

间和精力去看《林中路》了。但是我相信,那些来自黑森林和它里面的小路的那些未曾被说出的和间接的大量思想,都已经隐藏在这本书里面了。如果您想要得到一本的话,我会让克劳斯特曼出版社给您邮去一本。

我们终于可以在这个圣诞节,经过了这么多年后第一次和约格和海尔曼在山上团聚了。约格尝试着到卡尔斯鲁厄去完成他那中断了十年的工程师学业。海尔曼现在在罗拉赫(Lörrach)师范学校学习。他对科学没有兴趣,他想走进大众之中,并选择了从国民学校的老师作为职业,这份职业对他来讲保留有更多发挥作用的可能性。爱尔福丽德一直这样为我们这三个男人操劳、工作,但是却没有放弃掉她的老兴趣,也没有消磨掉精神的活力。

弗丽德尔·丹尼尔[①]和她丈夫夏天的时候时隔多年又一次来到了黑森林。对于我们,特别是对爱尔福丽德来说这次重逢是格外美好的。在小木屋附近,走不到半小时的路程,现在有了一所施杜本瓦森峰客栈,那里可以为客人们提供一个安静而舒适的住所。

您看到了,亲爱的伊丽莎白,我在诱导您明年来黑森林旅行了,如果所有的事情不会陷入混乱的话。

我同爱尔福丽德怀着忠诚的友谊向你致以真挚的问候和一切美好的祝愿,为了您的工作和安康。

您的

马丁

---

① 弗丽德尔·丹尼尔(Friedel Daniel,1894—1967),原姓里波(Lieber)。爱尔福丽德·海德格尔的朋友。

〔附：一张马丁·海德格尔的照片，背后题有："伊丽莎白/1950年圣诞/马丁〕

〔1951年到1953年间的通信没有保留下来。1952年伊丽莎白·布洛赫曼接受了马堡大学的聘任回到了德国。〕

84

马丁·海德格尔致伊丽莎白·布洛赫曼
[明信片正面:"木屋"里的餐厅,照片:H.Str.]

1953年12月19日,弗莱堡

亲爱的伊丽莎白:

为了纪念在马堡时美好的重逢①,也为了圣诞节,我们以这张令人怀念的木屋的照片作为我们的祝福。我们尤其祝愿你出色的教学活动不会因为过多外在的义务而被打扰。在霍夫盖斯玛(Hofgeismar)新教神学院②我遇到了兰德格雷贝③,他非常有阅历,但也太过于驯顺,不够有说服力。在卡塞尔(Kassel)时我受到了年轻人的欢迎,其中也有哥廷根大学来的人。但却并不快乐。

以真挚的友谊

马丁和爱尔福丽德

---

① 1952年年初,伊丽莎白·布洛赫曼回到德国并在马堡大学获得教育学临时副教授职位,1952年11月25日成为正教授,并成为德国第一位担任教育学正教授的女性。

② 1953年12月,此处举办了一个为期两天、题为"对话海德格尔"的活动,主题是哲学和宗教的关系,参与人员包括朗德格雷伯教授、梅策(Metze)教授、诺阿克(Noack)教授,以及克莱默(Krämer)博士、穆勒-刚洛夫(Müller-Gangloff)博士、穆勒-施魏弗(Müller-Schwefe)博士。参见《冲突》,霍夫盖斯玛新教神学院通讯,第1期,1954年,第2号,第30—37页。

③ 路德维希·兰德格雷贝(Ludwig Landgrebe),1902年3月9日生于维也纳。1935年于布拉格、1939—1940年于鲁汶任编外讲师,1946年于汉堡成为编外教授,1947年于基尔、1956年于科隆任正教授,1971年退休。自1956年起任科隆胡塞尔档案馆馆长。

［背面:］亲爱的莉茜,请将马丁不经心写下的"你"看作他对您亲切感觉的标志——我也要向你致以最衷心的问候,谢谢你在贝特尔基金会(Bethel)通过冯·Gr小姐①所给予的帮助。

---

① 可能是格莱文尼茨(Graevenitz)女士。

85

马丁·海德格尔致伊丽莎白·布洛赫曼

1954年1月19日,弗莱堡

亲爱的伊丽莎白:

兰德格雷贝和卡姆拉①在这个问题上没什么两样。

勒维特②非同寻常的博学,他可以轻车熟路地引经据典。他对希腊哲学了解不多,因为他缺乏"做手艺的工具"。他在现象学描述上有一定的天赋。在这一领域内他可以完成一些合理的任务。长期以来他一直过着超过自己实际经济水平的生活。他对思考一

---

① 威廉·卡姆拉(Wilhelm Kamlah),1905年9月3日生于霍恩多夫-诺伊加特斯雷本(Hohendorf-Neugattersleben),1976年9月24日卒于埃尔朗根(Erlangen),哲学家。1945年任哥廷根大学编外讲师,1951年任汉诺威理工大学(现为汉诺威莱布尼茨大学——校注)副教授,1954年于埃尔朗根任正教授,1970年退休。

② 卡尔·勒维特(Karl Löwith)1897年1月9日生于慕尼黑,1973年5月24日卒于海德堡。曾参加一战并被俘。1919—1922年在弗莱堡师从于胡塞尔和海德格尔。1923年于慕尼黑师从莫里茨·盖格获得博士学位。1928年于马堡获得海德格尔辖下的教职,任编外讲师直到1934年。1935年流亡意大利,1936年到了日本,任仙台大学教授。1941年至美国,1949年任纽约社会研究新学院教授。1952年返回德国,任海德堡大学正教授。20世纪20年代,勒维特同海德格尔成为好友,但是在日流亡期间以及返回德国之后,勒维特却致力于多方批评海德格尔的哲学,在其著作《海德格尔——贫乏时代的思想家》(法兰克福,1953年)中尤甚。如海德格尔给布洛赫曼的信中所见,海德格尔觉得自己因为此书受到了伤害并被误解。之后两人和解,在一次纪念海德格尔80岁生日的学术会议上,勒维特于海德堡科学院做了一个庆祝演说,巩固了两人修复后的关系。——勒维特对海德格尔前后不同的立场收录于其人《全集》第八卷《海德格尔——贫乏时代的思想家:论二十世纪哲学的地位》,斯图加特,1984年),这些文章见证了两人一生的争论。包含对海德格尔致谢的庆祝演说收于该《全集》第276—295页。

无所知,也许他厌恶思考。我也从没有遇到过这样一个只是生活在仇恨和"反对"之中的人。当他在马堡获得教学资格之后,他已经是最狂热的马克思主义者了①。他将《存在与时间》视作"伪装的神学",而后又将这本书视为"彻底的无神论"。为何一个人不从费尔巴哈转向奥古斯丁呢?但是他没有向他人解释清一个甚至根本没有被理解的"转向"。对于他恣意去做的其他那些糟糕的东西,我只想保持沉默,尽管我曾帮助他给意大利和日本写过鉴定。艾宾浩斯②在勒维特身上的投资获得了满意的回报。艾宾浩斯同勒维特一道带着对共产主义者的同情做出了强有力的工作。至少有一个反海德格尔的人(称作"敌人"也许高估了他了)成为了他的追随者,这就够了。也许在克劳斯·莱西③和海德堡之间存在着交易,因为伽达默尔④已经受够了这位朋友和他的"影响",并将同他敷衍以便脱身。

---

① 在马堡工作期间,勒维特在马克思早期哲学著作出版之后(1927)投身于"非马克思主义地研究马克思",并撰有《马克斯·韦伯与卡尔·马克思》一文。此文1932年发表,详见《简历(1959)》,收录于勒维特《我在德国1933年前后的生活:一份报告》(斯图加特,1986年)第150页。

② 尤里乌斯·艾宾浩斯(Julius Ebbinghaus),1885年11月9日生于柏林,1981年6月16日卒于马堡,哲学家。1921年于弗莱堡任编外讲师(期间结识海德格尔),1926年任副教授,1930年于罗斯托克任正教授。1940年起于马堡任正教授,1954年退休。这里的讨论涉及其退休后留下的教职的分配问题。

③ 克劳斯·莱西(Klaus Reich),1906年12月1日生于柏林,1981年6月16日卒于马堡,哲学家。1945年任马堡大学编外讲师,1947年任编外教授,1956年任正教授,1972年退休。

④ 汉斯-格奥尔格·伽达默尔(Hans-Georg Gadamer),1900年2月1日生于马堡,哲学家。是海德格尔在马堡工作期间的学生,并被其授予教职,1929年任马堡大学编外讲师,1937年任副教授,1938年任莱比锡大学正教授,1947年任法兰克福大学教授,1949年任海德堡大学教授,1968年退休。哲学解释学的主要代表人物。

但是学院还必须决定，它想要什么，信仰、知识，还是问题？这些现在都已经迅速地变成了过时的东西了。

我们向您衷心地问候，祝您可以很好地坚持到学期结束。

马丁

86

伊丽莎白·布洛赫曼致马丁·海德格尔
[风景明信片:爱尔毛城堡(Schloß Elmau)与维特施泰因周特山(Wettersteinwand)]

1954 年 9 月 25 日

亲爱的马丁,希望这声问候能及时赶到,并献上我对你最衷心的生日祝福。去年我们能再次相聚,简直太好了。我已写信告诉过你黑森林的计划落空了。我过去几周在蒂罗尔地区游南走北,享受着灿烂的天气。我们这趟旅行就要结束了,我的妹妹伊尔泽(Ilse)还在试图做一些必要的休养。明天就要回到我的新居——奥克斯豪瑟大街(Ockershäuser Allee)4 号。

诚挚地问候您和爱尔福丽德
您的伊丽莎白

87

伊丽莎白·布洛赫曼致马丁·海德格尔
［风景明信片：拉恩河畔马堡大学城，伊丽莎白教堂中的圣伊丽莎白雕像］

［邮政签章：1954 年 10 月 16 日，拉恩河畔马堡］

为那册精美的文集①衷心地向您致谢。书中兼有熟悉的文风和新颖的思想，读到这些让我欢欣非常。

献上衷心的问候
伊丽莎白

---

① 马丁·海德格尔，《讲演和论文集》，普福林根，内斯克出版社，1954 年。

88

马丁·海德格尔致伊丽莎白·布洛赫曼

1955年11月2日,暂住于梅斯基希

亲爱的伊丽莎白!

爱尔福丽德把你亲切的来信①给我带来了,我在梅斯基希这里和我的弟弟②一起工作,他为同乡康拉丁·克洛伊泽(Conradin Kleutzer)的纪念会做了一个庆祝演讲③。现在是最后一天,我在为冬季学期的一小时的课程"根据律"④做准备。我衷心感谢你长久以来的想念。你寄来的两张照片给我带来了不同寻常的快乐。你自己,还有望着那熟悉的风景,让我能够体会得到你工作的状态。有些遗憾的是,你关于席勒的演讲⑤我还没有收到。如果你还保留有副本的话,请寄一份到弗莱堡。我们以前还不知道你是学术基

---

① 并没有保存下来。另外伊丽莎白·布洛赫曼于1955年4月17日在写给爱尔福丽德·海德格尔的明信片感谢了海德格尔4月14日对她生日的问候,后者也没有保留下来。

② 弗里茨·海德格尔(Fritz Heidegger),1894年2月6日生于梅斯基希,1980年6月26日卒于普富伦多夫(Pfullendorf)。梅斯基希的银行职员。参见《一封弟弟的生日问候信》,收于《马丁·海德格尔在其故乡梅斯基希的80岁生日》,美因河畔法兰克福,1969年,第58页至第63页。另参见海因里希·魏干德·派策特(Heinrich Wiegand Petzet)《走向明星——1929年至1976年间同马丁·海德格尔的相遇与交谈》(Auf einen Stern zugehen. Begegnungen und Gespräche mit Martin Heidegger 1926—1976),美因河畔法兰克福,1983年,多处。

③ 《泰然任之》(Gelassenheit),1955年10月30日于梅斯基希为作曲家康拉丁·克洛伊泽175周年诞辰而做的演讲。

④ 《根据律》(Der Satz vom Grund),讲演课,弗莱堡,1955/56年冬季学期。普福林根:内斯克出版社,1957年。

⑤ 参见第73封信注释。

金会的委员。我已经无法期盼你获得比这更好、更有影响、更符合自身能力的任务了。

我们下一次去北方一定会去看你,顺便看一下你的新房子。和布尔特曼的重逢尽管短暂,却很美好。现在我希望你可以挑个好时节再来弗莱堡一次,并多待些日子,还有,就像多年前那样愉快地交谈。

这张照片是约格今年为木屋拍的。

爱尔福丽德昨天又回了一趟弗莱堡,海尔曼从明天到星期六必须在那里参加他学校校长的考试。

致以我们两人衷心的问候

马丁

〔附:一张黑森林和"木屋"的照片,背面题有:赠/伊丽莎白/留念/马丁/1955 年 11 月〕

89

伊丽莎白·布洛赫曼致马丁·海德格尔

1956年1月4日,拉恩河畔马堡

奥克斯豪瑟大街4号

亲爱的马丁:

《存在问题》(Seinsfrage)①我确实还没有读,因为我去了一趟东区,且因此没带任何书本。不过,我现在却很幸运地拥有几天假日时光。

我这里又有一事,想听听你的建议。你想必已然听说,兰德格雷贝已经拒绝了马堡的聘任。因此,我们必须拟定一份新的名单——前景不容乐观,因为委员会的这些会议从来不是儿戏。有人同我提到了弗莱堡的乌尔默②和他的关于亚里士多德的书③。他应该曾是你的学生了。亲爱的马丁,你能跟我说说,你对他在哲学和精神禀赋方面的主要看法吗?可以的话,能否告诉我麦茨克④

---

① 马丁·海德格尔《存在问题》,法兰克福,1956年。参见第67封信的注释。

② 卡尔·乌尔默(Karl Ulmer),1915年8月24日生于汉堡,1981年5月13日卒于维也纳。哲学家,海德格尔的学生,1944年于弗莱堡大学获得哲学博士学位和授课资格,1957—1970年任图宾根大学正教授,1970年之后任职于维也纳大学。

③ 《亚里士多德的真理、艺术与自然观》(Wahrheit, Kunst und Natue bei Aristoteles),图宾根,1953年。

④ 埃尔文·麦茨克(Erwin Metzke)1906年7月3日生于但泽,1956年7月3日卒于图宾根。哲学家,海因茨·海姆索特(Heinz Heimsoeth)的学生,1929年于哥尼斯堡获哲学博士学位,1933年于科隆大学获得授课资格,1940年成为科隆大学编外教授,1944年任教于海德堡,1949—1952年任德国新教神学院学生联合会干事,1953年任图宾根大学副教授。

是否"是个人物"？福尔克曼-施鲁克①在这里得到的评价不高。此外还有哪些人选？如果某人想坦诚地拒绝在某个地方的升迁的话，那么他应该给出一点有说服力的反面建议。这原则本身，也确实正确无误。但是，"艾博"［艾宾浩斯］却予以猛烈的攻击。如果在这个重要却又困难的问题上能再次得到你友善的建议，我将因此非常感恩。

祝愿你们一切安好，在1956年万事如意！

你的

伊丽莎白

---

① 卡尔-海因茨·福尔克曼-施鲁克(Karl-Heinz Volkmann-Schluck)，1914年11月15日生于埃森，1981年10月26日卒于科隆。哲学家，伽达默尔的学生。1945年任莱比锡大学编外讲师，1948年任罗斯托克大学副教授，1949年任科隆大学正教授。

90

马丁·海德格尔致伊丽莎白·布洛赫曼

1956年1月8日,弗莱堡

亲爱的伊丽莎白:

谢谢您的来信。我们在此也献上对你最诚挚的新年问候,以作为一份回报。希望你在来年能像现在这样,在工作中惬意舒畅,神采奕奕。

就多方面来看,职位上的纷争是一件颇为棘手的事情。在这件事上,我非常乐意能够鼎力相助,并且竭尽所能,而绝不袖手旁观。这些会议的进程,我也可以料想得到。有一回我听说,布略克[①](基尔)在这份名单上;而且,如果条件足够好,他不乘船也会去马堡。为什么没有人提到他呢?另外我还听说,如果留任基尔的话,布略克愿意建议克劳斯·莱西作为兰德格雷贝的继任者。乌尔默(出生于汉堡,约翰诺伊姆)在30年代曾师从于我,并攻读博士,且在1944年经我评审获得大学授课资格。他申请教职的著作是《亚里士多德的真理、艺术和自然观》,并经多次修改和添补后于1953年在尼迈耶出版社出版。这部著作扎实有据,独具一格并颇具启发;只在术语方面略有瑕疵——给嫉贤妒能者以强加指摘的口实。乌尔默在整个哲学史上的功夫都精熟深厚,而且还在数学和物理学上训练有素。在他的优秀的研究论文《近代到伽利略时

---

① 瓦特·布略克(Walter Bröcker),1902年7月19日生于伊策霍埃(Itzehoe),哲学家,海德格尔在弗莱堡和马堡的学生,1937年在弗莱堡任编外讲师,1940年在罗斯托克任正教授,1948年后任教于基尔大学。

期的自然科学思想变迁》表现出了他问题意识的宽阔视角和稳健练达。他在亚里士多德和伽利略的运动概念上所作的区别（发表于《学术论丛》，第3卷，弗莱堡K·阿尔贝出版社）是我见过的最缜密的。沃尔默是一个优秀的教师，思维冷静而犀利，可能并没有真正的创造才能，但是在胜任本职方面似乎并无悬念，虽然我也觉得，让他一下子跃居马堡的正教授之职似乎有些太过冒进了。麦茨克在海姆索特①那里，刚开始情况还不错，但是在我看来后来就欠佳了。在霍夫盖斯玛的一次会面②（在我马堡的报告之后）中，他让我很不愉快。目前已不算稀奇的神学和哲学之界限的融混，让他的著作意义有限。作为教师，我不知道他会做出怎样的成果。和麦茨克的情况类似，教育参议、编外讲师安茨③，曾在法兰克福给克鲁格④代过几个学期的课，现在于贝特尔获得了一个神学教研室的哲学教授席位，和克鲁格以及伽达默尔一起，过去是我的学生，布尔特曼对他的情况很了解。安茨最近发表了一些关于克尔凯郭尔以及他与德国观念论之间的关系的最优秀的著作。（《神学评论》——鲁道夫·布尔特曼创办）

---

① 海因茨·海姆索特（Heinz Heimsoeth），1886年8月12日生于科隆，1975年9月10日卒于科隆，哲学史家，1913年在马堡获得哲学博士学位和授课资格，1921年在马堡任副教授，1923年在哥尼斯堡任正教授，自1931年起任职于科隆。

② 参见第83封信的注释。

③ 威廉·安茨（Wilhelm Anz），1904年12月23日生于哈尔茨的潘斯菲尔德（Pansfelde/Harz），1955年在贝特尔教会大学任讲师，1963年获明斯特大学名誉教授头衔。

④ 格尔哈德·克鲁格（Gerhard Krüger），1902年1月30日生于柏林，1972年2月14日卒于海德堡。哲学家，海德格尔在马堡的学生，1946年始在图宾根大学任教授，1953年至1956年在法兰克福大学任正教授，从1957年开始任职于海德堡。

阿诺德·格兰①和以上几位的情形不太一样,但也值得关注,他现在主要是研究人类学和社会学方向;这完全不对我的口味,但却是一位才智杰出,并能给马堡带来新鲜空气的人物。假如艾宾浩斯与他作对,只会自作笑柄。但这于今看来似乎在所难免。

我只祝愿你,在这件事上能够从容自若。

爱尔福丽德和我向你献上诚挚的问候。

你的马丁

---

① 阿诺德·格兰(Arnold Gehlen),1904年1月29日生于莱比锡,1976年1月10日卒于亚琛,哲学家、社会学家,1934年至1945年先后在莱比锡、哥尼斯堡和维也纳任教授,1947年至1962年在施派尔大学任教授,自1962年在亚琛工业大学任正教授。

91

伊丽莎白·布洛赫曼致马丁·海德格尔

[打印信头:]菲利普大学教育学教研室
主持人:伊·布洛赫曼,教授,教育学博士,文科硕士
1956年2月27日,(16)拉恩河畔马堡
于古腾堡大街18号
电报号:4545,+1631

亲爱的马丁,您亲善并对我大有助益的来信我本该尽早回复。我心中早已表达过无数对您的感激。因为我们的名单总有一直难以解决的问题,所以我没能给您写信。而现在总算完成了,并且学院也接受了委员会的建议,即我们已经采纳了被排除在第一份名单之外的布略克的建议,将兰德格雷贝的职位授予克劳斯·莱西。这些都进行得不露声色。我还没有成功说服乌尔默先生,尽管我又尝试了一次。关于莱西,现在是这样的情况,他最近还有两部优秀的至今尚未付梓的著作。此外,他的名字还应当被列入其他的5份方案(已经列入其中一份),因此对他予以破格任用,就是天经地义之事,就算我因此被艾宾浩斯这位顶头上司免职,也在所不惜。他[莱西]所从事的是哲学领域里的严谨的语文学工作,在工作中,他致广大而尽精微,并在逻辑方面敏锐精熟。我不相信,他会触及新生的哲学问题域。但是,现在这些似乎并不能给一位"教授"带来太大的危害。他会为学生带来良好的工作规范,为可证实性的界限和可能性以及哲学在历史上进展的疑难,带来深刻的认识。这当然功莫大焉!因此倘若他能够被任命的话,我们(这即是说,

我们中的大多数)将会倍感欣幸。

我希望,您全家安好。谢谢寄来的约格、海尔曼以及孩子们的小照片。兴许为此,我先前已经道过谢了,可这满怀谢忱又再次脱口而出。

明天我将和我的学生们启程赴英,进行一次关于英国教育的游学。我希望在那里,直至5月中旬,都能给他们展示各种有趣的东西。此后,我还会单独与我当地的朋友们一起度过大约14天的时间!我现在发觉,又对您做起急就章来了。如果不是时间紧迫的话,我一定会及时再给您写一封信。于此小节细谨之失,望您多多包涵。相信我们必会最终真正地共聚一堂,不再与你以敬称寒暄[插入:这太蠢了,但我不管是称呼您还是称呼你,都是完全一样的发自肺腑!],亲切相处,然后,我这保守的过失,就不会再犯了。就此辍笔吧,亲爱的马丁,我衷心的问候您和爱尔福丽德,真心地谢谢您友好的帮助,并祝您万事如意。

您的

伊丽莎白

92

马丁·海德格尔致伊丽莎白·布洛赫曼
［艺术明信片：乔治·布拉克（Georges Braque）：《静物写生》］

1956 年 4 月 14 日，梅斯基希

亲爱的伊丽莎白：

今天是你的生日。写这封信，寄去我对你和你工作的衷心的美好祝愿。如果能够再有几天的时间，与你一起悠闲倾谈，该有多好。我在这里要停留一周和我的弟弟一起工作。5 月 9 日我在罗拉赫有一个庆祝黑贝尔纪念日的报告①，这次我想大胆尝试一下解读他的《小百宝箱》。

带着衷心的思念献上我的问候

你的马丁

---

① "与黑贝尔对话。我的《小百宝箱》，于 1956 年的黑贝尔纪念日"，1956 年 5 月 9 日举行。后经修改增补以《家中常客黑贝尔》为题，1957 年出版于普福林根的内斯克出版社。

93

伊丽莎白·布洛赫曼致马丁·海德格尔
［风景明信片：魏玛，国家歌德博物馆，阶梯台阶］
1956年4月29日，拉恩河畔马堡

由衷地谢谢你对我的生日的友爱问候，并献上所有我对你这个学期的美好祝福。我若能在5月9号听到你讲讲黑贝尔的《小百宝箱》①，该多好啊！

由衷地怀念你们
你的
伊丽莎白

---

① 约翰·彼得·黑贝尔(John Peter Hebel)，1760年生于巴塞尔，1826年卒于施瓦兴根。《小百宝箱》：《莱茵河常客的小百宝箱》(Schatzkästlein des rheinischen Hausfreundes)斯图加特，科塔出版社，1811年。

94

伊丽莎白·布洛赫曼致马丁·海德格尔

1956年5月7日，马堡

亲爱的马丁：

我昨天一从怀恩的乐土、伦山的十字峰（Kreuzberg in der Rhön）回来（在那里的大好春光中，我和我的妹妹伊尔泽度过了圣灵降临节后的一周），就发现了这本《哲学——是什么？》[①]。我非常感谢以这种形式给我送来你节日的问候。相对于其他的，这个对我理解你现在走到了"哪一步"更有帮助。能够再次惬意地与你进行一次长谈的愿望——就像期待着再次欣赏一下罗琴格夫人的手艺（原文写成了施瓦本方言——校注）一样，正变得越来越强烈。现在我要抽出空闲还比较困难，因为我的两个姊妹[②]非常需要我，这样在这几年我就和她们待在一起，即使是在假期也一样。另外，这两年也一直公务缠身，不能开脱。我想尽量在下一年把这些工作打理干净。在复活节假期里我刚刚和27位学生赴英国进行了一次游学，接下来有关于助学基金的活动，然后就是由黑森州政府部门组织的、涉及学校改组的两个大型会议。我尤其关心的是女童教育的问题，眼下我正着手写篇幅较长的论文，当然也是关于这方面。这一切当然都让我感到极其高兴，但同时我的自由也受到了限制，这又往往令人感到苦恼，因为我兴致所在的事情还有很

[①] 《哲学——是什么？》（Was ist das-die Philosophie?）普福林根：内斯克出版社，1956年（1955年在诺曼底的克里奇·拉·萨拉进行的一次演讲）。

[②] 即安妮（Anni）和伊尔泽（Ilse）。

多。正是因此,我才再次向你做出这样长篇的解释。

因为十字峰没有无线电,所以我就没能听到您即将做的关于黑贝尔的讲演——昨天我才听说此事。

在瑟里希拉萨尔(Cérisy-la-Salle)做的对话进行得符合预先规划吗?

希望你二位和孩子们都一切安好!

衷心地问候你
你的
伊丽莎白

95

伊丽莎白·布洛赫曼致马丁·海德格尔
〔风景明信片：拉恩河畔马堡，伊丽莎白教堂，圣伊丽莎白雕像邮政签章：1956年6月10日，拉恩河畔马堡。〕

亲爱的马丁：

对你精彩的关于黑贝尔讲演，匆匆献上我由衷的谢意！说到这里，我又想起了先前你在小木屋中为我朗读雅利安诗歌的情景。

献上最诚挚的问候
伊丽莎白

〔1957年的信和卡片没有保留下来〕

96

马丁·海德格尔致伊丽莎白·布洛赫曼
[慰问信]

1958年11月23日,弗莱堡

亲爱的伊丽莎白:

如此多的痛苦与艰难正一并向你袭来,以至于我作为朋友的设身宽慰,所起的效果也只能是微乎其微的。

我以此寥寥数语所期许者,仅仅在此。在此艰难的时日里,以这样的一份精神的慰藉,或许可以给你带去些许饶益之光。

献上我衷心的慰问

马丁

97

伊丽莎白·布洛赫曼致马丁·海德格尔

［打印信头：］拉恩河畔马堡，1959年9月24日
奥克斯豪瑟大街4号
电报：4512

亲爱的马丁：

你现在已真正达到"古稀"的年纪了，而我们离这个岁数也差不太远，这真是难以想象。我眼中仿佛还能看到那位年轻人从农庄往木屋里搬运牛奶桶，他身着红色小夹克，穿着短裤，如此的朴实自然，全然是一位农家小伙。而且，还可以与他在木屋的桌子上，惬意地一起谈谈同龄人的话题、说说老妇人罗琴格的稀奇的手艺、讨论一下柏拉图。想想早先在托特瑙山的时光，真是美好啊！这些美好时光以及那时候你展现出的高尚情操，我将永记不忘。每当想起这些，我都会带着由衷的感恩，祝你幸福安康。在人生之来日，年华是否会全然成熟，人生中过去的春、夏、秋是否都会成为回响，在这样的回顾中是否会隐藏着人生最后的真谛？倘若如此，那么我希望：在过往岁月之交响中，听到我们友谊的乐章；并在你生命之来日，余音袅袅，相伴不绝。

衷心地问候
你的
伊丽莎白

98

马丁·海德格尔致伊丽莎白·布洛赫曼

1959年10月7日,托特瑙山

亲爱的伊丽莎白：

是的,那些铭刻我们友谊的过往岁月,一定会陪伴你我于来日。今年我和爱尔福丽德在木屋度过的灿烂秋日让我回忆起了很多往事。

你的亲切问候又让我想起,在我们于菲尔德山(Feldberg)的远足之后,在木屋里我如何将杉木桦头塞满炉膛,从而让你对此大吃一惊的往事。这些年来,尤其是在今年,你给我带来了美好而持久的温暖。

你在我们计划中的拜访不得不如此这般一再搁浅,让我一再感到伤感。但是我依然没有放弃希望。

下周我会着手再写些东西,兴许会给你业余的闲暇里,增添一些愉悦之情。

由衷地祝福你,亲爱的伊丽莎白。希望你能生活安适,工作顺心。

带着诚挚的思念献上对你的问候

你的

马丁

顺致以爱尔福丽德诚挚的问候。

〔附件一:绘画明信片:马丁·海德格尔,签名:皮佛尔-莫泽(Piffl-Moser),1958。背面献词:〕致/伊丽莎白/留念/衷心地祝福/托特瑙山,1959年10月7日。

〔附件二:照片明信片,伊丽莎白·布洛赫曼在背面写着:托特瑙山/木屋/马丁·海德格尔/拍照人:/约格·海德格尔。背面献词:〕致/伊丽莎白/来自木屋的问候/照片是约格今年/夏天拍的。/马丁/托特瑙山,1959年10月7日。

99

伊丽莎白·布洛赫曼致马丁·海德格尔

1960 年 9 月 25 日,马堡

亲爱的马丁:

至少从 70 岁开始,我就知道你的生日不是我臆想的 9 月 27 日,而是 9 月 26 日。所以,我这次在准确的时日,献上我对你所有的美好祝福。希望你能够长久地神采焕发!我现在在我的至交赫尔曼·诺尔这里体验到了切肤的痛楚,不管你是夕阳无限好、功成名就,还是正值鼎盛春秋,生命之光华都会不舍昼夜,流逝而去!而我以我的挚诚之心,希望你还能拥有很多用以创作的美好时光。

这个夏天我这次本来是这么打算的,即我想在九月下旬到黑森林和博登湖地区去。然而,现在情况全变了,我因此必须在很长时间之后,才能再次筹划往赴木屋,与您晤面。但是,最迟也不过是来年春天之后。那时,我将不再仅仅拥有假期的闲暇了。职务交接的事情现在终于安排好了。布莱琴卡[①]的谢绝一度让我异常纠结。我本是如此满心欢喜地将他视作我的后继者。但是万万没有想到,他更愿意去因斯布鲁克!现在来了一位弗吕泽[②],目前是

---

① 沃尔夫冈·布莱琴卡(Wolfgang Brezinka),1928 年 6 月 9 日生于柏林,教育学家,1954 年取得大学授课资格,1958 年任维尔茨堡师范大学副教授,1959 年任正教授,1960 年任职于因斯布鲁克大学,1967 年任职于康斯坦兹。

② 莱昂哈特·弗吕泽(Leonhard Froese),生于 1924 年 2 月 9 日,教育学家,赫尔曼·诺尔的学生,1957 年在柏林自由大学任编外讲师,1959 年在明斯特大学任副教授,1961 年在马堡任正教授(继承伊丽莎白·布洛赫曼的教席)。可参见第 36 封信的注释。《政治的诸事物》)。

明斯特大学的副教授，战后在哥廷根师从诺尔获得博士学位，并且后来又在柏林取得大学授课资格。我们一定会建立起友好的关系，这应该是情理中事。他下一步在学术上作何打算，我尚且全然不知。他主要的学术领域是苏联教育学，他在这方面游刃有余，因为他在孩提时代就学会了俄语。但是，在冬季学期，他在明斯特大学那边还有些事情没有交代清楚，所以在这边只开讲演课（14天的仓促访问交流）。因而教研室在这个冬季学期除讲演课之外的所有课程，我还要继续主持。能从讲演课中抽身而出，我也倍感轻松。而同时又希望，能够在这里的书桌文案上，再有些许作为，目前我正在准备必须于10月中旬在西柏林举行的一次报告。自从我和我的两个姊妹于1952年最后一次在那里过了圣诞节之后（那是我还可以在东区游历之前），我就再也没去过那里。你还记得你在那里任职时我们的相逢吧？好像应该是在1928年吧？时光飞逝，现在已然物是人非。

　　附寄我近期不成熟的两篇评论①，作为对你生日的小小问候。这两篇文章匆忙写就，仅仅是滥竽充数罢了。

　　你们现在是寓居木屋吗？因为我对此不甚了然，倒更喜欢把信寄往弗莱堡。你们全家尤其是孩子们，都还一切安好吧？你的新工作，是否进展顺利？

衷心地问候爱尔福丽德
献上对你的问候
你的伊丽莎白

---

① 可能是《近日英国中小学》和《童年记忆作为儿童教育的源泉》，两篇文章收录在《文汇》（Die Sammlung），第15期，1960年，第474页和第590页。

100

马丁·海德格尔致伊丽莎白·布洛赫曼

1961年4月12日,弗莱堡

亲爱的伊丽莎白:

在你的生日之际,唤起了我对你的思念,而这思念汇集于对你的祝福之中,希望这些祝福能把一切赏心乐事都给你带去。

你在今年夏天还要继续承担教学任务吗？我知道你喜欢授课。据我的观察——当然这是不充分的——现在缺少一个建立于一种成熟的共识基础上的封闭的圈子的氛围。现在的教师个体不肯付出巨大的努力和耐心,并且不能相互勉励感化,甚至不能真正地搞教育；尽管老一辈的人简单地依赖着先前的印象和标准。据我看来,与此同时教育之可能性与世界大势一起业已发生了变化,以至于教育甚或会为被我们称作宏观调整和讯息的东西所取代。

关于这个问题,若能和你讨论一下就好了。我和爱尔福丽德还对此抱有希望——你兴许会在今年秋天再来黑森林一趟,甚或与我们一起在罗特布克的寓所住一段时间。

本周我对那两卷《尼采》①的麻烦的校正工作就要收尾。而在此最费神的倒是,要将这些思想的历程再一次进行贯通。这些思想的历程业已成为西方思想的终结,但是以多种多样、时常不为人知的形式反映着现实。

复活节的时候,我们为尤塔和海尔曼夫妇的新生双胞胎举行

---

① 《尼采》,第一卷、第二卷,普福林根:内斯克出版社,1961年。

了一次美好的洗礼。

亲爱的伊丽莎白,以诚挚的友谊的名义由衷地问候于你。

你的马丁

[1962年的信和卡片没有保留下来]

101

马丁·海德格尔致伊丽莎白·布洛赫曼

1963 年 4 月 9 日,弗莱堡

亲爱的伊丽莎白:

　　祝你身体健康,工作顺利,并且祝你的生日庆典取得圆满成功。在马堡的重逢①是如此的令人难忘。而令人惋惜的是,由于会议的缘故,重逢太过短暂。而此后不久,我得了严重的黄疸病,并至今为此不断地疗养。

　　另外,11 月时我书的事情已经安排妥当②,现在这些书作为节庆的问候应该已经到你那了。

　　我在这艰难并屡屡中断的工作上,再次取得了进展,并辞谢了所有的邀请,仅仅会参加斯特拉斯堡在秋季举行的与当地哲学圈子的对话。

　　你黑森林的计划还能否成行?

　　今年的冬天太过寒冷,因此我们没有住在木屋中。当然,这是由于疾病的缘故。山上有许多积雪,山下这里亦是春日迟迟。在此之后,为了让爱尔福丽德在劳碌的冬季之后获得休养与阳光,所以在 4 月 19 日我们将飞赴西西里岛,在那里度过两周的时光。

　　这段时间你也一定要寻觅一个更明媚的去处。

---

　　①　可能发生于 1962 年,因为这一年已经没有书信和明信片保存下来,所以无法准确断定。也有可能因"老马堡人聚会"的机缘在 1961 年已经有一次会面。
　　②　1.《物的追问》,图宾根,尼迈耶出版社,1962 年;2.《技术与转向》,普福林根,内斯克出版社,1962 年。

没有收到的书将陆续寄到。

在此献上真挚的生日问候

马丁

102

马丁·海德格尔致伊丽莎白·布洛赫曼

[风景明信片:保拉·莫德逊-贝克(1876—1907)/摩尔格拉本(约在1902年)]

1963年10月13日,木屋

亲爱的伊丽莎白:

由衷地对你生日问候的来信表示感谢。现在我热切地祝福你重返本职岗位。你的黑森林的旅行一直被延后。我们在小木屋度过的三周时光,和每年一样的充实、美好。由于工作繁忙,今年"老马堡人聚会"我将不能参加。

带着诚挚的美好祝愿,以爱尔福丽德和我往日友情的名义,献上我们对你的问候。

马丁

[1964—1965年的信和卡片没有保留下来]

103

马丁·海德格尔致伊丽莎白·布洛赫曼

[照片明信片：托特瑙山，木屋井旁]

1966年10月8日，木屋

亲爱的伊丽莎白：

衷心地感谢你对我生日的挂怀。我们在愈益珍贵的晚年岁月见面是如此之少，这总是让我深感遗憾。爱尔福丽德和我在山上美好的秋日天气里，已经度过了差不多三周。令人惊讶的是，来自马堡的客人们（格伦奈森女士和她的女儿①）于一天中午坐在了木屋前的长凳上，并带来了来自马堡的问候。而此情此景让我想起了我们曾经前往木屋去的黑森林之游。祝你有一段无忧无虑的宁静冬日可以安心工作。

爱尔福丽德和我怀着多年的最为真挚的友谊问候你

你的马丁

---

① 来自马堡的一位马堡大学物理学家的孀居夫人，埃尔瑟·格伦奈森（Else Grüneisen）女士，马堡大学物理学家爱德华·格伦奈森（Eduard Grüneisen, 1877—1949）之女。她的女儿，海尼·格伦奈森（Henny Grüneisen），是赫尔曼·海姆波尔（Hermann Heimpel）的学生。

104

马丁·海德格尔致伊丽莎白·布洛赫曼

1968 年 10 月 12 日,弗莱堡

亲爱的伊丽莎白:

衷心地谢谢你对我的生日祝福。来年我就要 80 岁了,然而在这个年纪,我们终究还是不知道将会到来的是什么。

得知你病情好转并得到了良好的治疗,爱尔福丽德和我都很高兴。倘能在黑森林再次聚首,该有多好!

因为今年的糟糕天气,我们在 10 月 5 日才向木屋进发。往年至少会持续两周的明媚十月天气,已然在 10 月 8 日匆匆收尾。我们不能在我们的暮年——以及木屋的晚年——冒险在那里作更长时间的停留,主要是因为那可怕的潮湿。木屋确实还没准备安置地下室。幸好在 10 月 8 日恰巧有一位加拿大教授驾车来访,我们就当机决定,对木屋做了御寒封闭,并在绵绵阴雨中乘车往赴山谷去了。

我于 8 月 27 日至 9 月 9 日期间,在普罗旺斯拜访了我的诗人朋友勒内·夏赫①。并同时在那里和我的法国朋友们②(教授和高

---

① 勒内·夏赫(René Char)于 1907 年 6 月 14 日生于索尔河畔的利勒(L'Isle-sur-Sorgue/Vaucluse),1988 年 2 月 19 日卒于巴黎。法国抒情诗人,超现实主义流派,战争期间参加抵抗组织,自 1955 年始,与海德格尔在战后许多年里保持交往。海德格尔于 1966、1968、1969 年在他的住处莱托(普罗旺斯省)与其他的法国友人和学生分别进行了持续多天的研讨。在此可参看《海德格尔全集》第 15 卷,研讨课(1951—1973),库尔德·奥赫瓦特编(Curd Ochwadt)。海德格尔和勒内·夏赫的书信还在整理中。

② 海德格尔同时为这位女性朋友寄了在巴黎普伦印行的小册子《时间与存在——献给让·波伏莱》,并有如下献词:献给/伊丽莎白/由衷地问候/马丁。/1968。

年级学生们)办了一个为期8天,每天3个小时的研讨课。我没有别的办法,不得不每次做出新的论断:我们这里缺乏倾听的专注和对精神作品的敬重,我们总是绕过单调的语言分析和社会学,并且回避伟大传统的根本问题。另一方面,按照我的这种方式(苏格拉底式的)进行研讨,对法国僵化的教学体系而言是破天荒的,并且具有启发性。或许这会带来些新的东西。这种灵活的对话到底是比一切写作更有力些,任何方式的写作都不免有歧义。对此,柏拉图早在他的斐多对话的末尾就意识到了。

我现在一直忙碌于工作,并为每时每刻意识清醒的时间而心存感恩。许多思想变得更加简明,而同时要一下子加以表达却越发困难。因为人们隔断了同言说的真正联系(wahre Verhältnis zur Sprache),并沦落为计算机的奴隶。

尽管得到了人们善意的襄助,爱尔福丽德还是一直忙于修葺房舍和宽阔的园圃。我们从今年始可控温的游泳池直到前几天一直驱使着我们每天早上都去游泳。

在这里的约格一家(四个姑娘,一个儿子)和在波恩(确切地说是在麦肯海姆)的海尔曼一家(两个姑娘和三个儿子)都一切安好;艾丽卡一家也同样安好。她的丈夫现在在图宾根做"劝修教士",属于最有资历的古典语文学学者。乌尔瑟(艾丽卡的女儿)已经于今年夏天与一位助理教师结婚,现在还在罗伊特灵根师范大学念书。

我们已经许久没有再闻瓦尔特·鲍尔的音信。布尔特曼寄来过一封问候信,并提及他夫人的疾病。

于我们的迟暮之年,我们必须为每一可以眼见之日心存感恩,即使那不可避免的晚年困苦眼下已渐露端倪。

你能再返岗位,我们非常高兴,此系保持意识清明的好办法。带着我们美好的祝愿,诚挚地问候你。

你的马丁

105

伊丽莎白·布洛赫曼致马丁·海德格尔

1969 年 3 月 23 日,马堡①

亲爱的马丁:

今年你 80 岁,每当我想起你的时候,就会带着双倍的感恩之情。

你这位热爱哲学的年轻"飞艇乘员"得以脱离一战,并能够笃志于早期的学业,成为一位众所周知的哲学家,作为在我们这个时代少有的、具有完全独立精神的思想家,而今已经在欧洲的精神史中占有自己稳固的一席之地;你此外还能够在安详的桑榆之年以独有的方式完成一生的工作,这些绝对是促使我感恩的充足理由。马丁·海德格尔,作为哲学家,不会再被忘记。

而我自己,也为我们各自的人生路途能够在半个世纪以前——这半个世纪,真是令人唏嘘感慨!——交汇在一起而感恩。尽管这两条道路经历我们早年友谊的密切联系之后被距离所阻隔,我仍旧坚信你对友谊坚贞不渝的挚诚。

相比于你早期的思想成果而言,你晚期的哲学著作或许会被比我更为内行的人,甚或被你自己更为推重。但对我而言,你依然是我的那位朋友,那位致力于《存在与时间》和对康德的研究、对柏拉图做出精彩的解释和理解的朋友,那位在我们于秀美的黑森林

---

① 这封信是由出版商克罗斯特曼预先准备的、庆贺海德格尔 80 岁生日的祝福卡片,所以在 1969 年的春天就已经写好了。

地区的长途漫游中，在言谈之间，向我展现思想的严密紧凑、严肃静穆和离经叛道的朋友。这真是令人难忘的日子！一直以来，这些日子为哲学思考的内涵意谓，给我树立了标准。

在那之后，就出现了一篇关于你出席达沃斯大学周的通讯，其中提到，马丁·海德格尔已经说了：哲学思考是跻身此在的准备。对于这句话，赫尔曼·诺尔曾在一封给我的信中引用过并说道："对此，人们完全不能理解，却想着他当时滑雪的姿态。他们一定会因为这句话喜欢海德格尔。"

愿你典范作品中对精神的自由和勇敢的记忆被后世长久地保留，永存不没。这些精神的可贵品质，从属于你的本己性命。

亲爱的马丁，感谢你对我友谊的馈赠，并且献上我所有的诚挚祝福！

伊丽莎白（布洛赫曼）

106

马丁·海德格尔致伊丽莎白·布洛赫曼

1969 年 12 月 5 日,弗莱堡

亲爱的伊丽莎白：

为你对我 80 岁生日的挂念和美好的问候,献上我迟来的感谢。于今,这份感谢之情当热切地与指引我道路的微妙征兆一并① 献给您。年老之后,青年时光比之日后的人生乃至现在更加的当下。一切最终却会归于简易,然而对此的言说以及要在语词中作为持存者(Bleibendes)加以确立,却是最困难的。

我们对适宜思的"影响"的方式知之甚少,或许在这个领域里根本没有"影响"。我们悬系于因果性上的表象(an der Kausalität hängendes Vorstellen),并不充分,并不能够达及一个人在思之路上遇到的东西。

此时友谊的态度具有与或真或假的公开"反响"完全不同的重要性。因而我最喜欢在"贺信(Tabula Gratulatoria)"中阅读那些表达出友谊态度的信件。

9 月假期过后,我和爱尔福丽德在木屋度过了一个美好、明丽而又和煦的 10 月。现在爱尔福丽德正忙碌着为我们两个老人准备堆砌一间小的底层土房[脚注：在我们的花园里]。我本人则忙着整理手稿。

---

① 海德格尔同时为这位女性朋友寄了两部著作：1.《面向思的事情》,图宾根,1969 年；2.《马丁·海德格尔——在其故乡梅斯基希的 80 岁生日》,美因河畔法兰克福,1969 年。

带着诚挚的感激敬谢你的挂怀,且一并祝你在桑榆之年的生活中一切顺遂。

情谊萦怀

由衷地问候

马丁

107

伊丽莎白·布洛赫曼致马丁·海德格尔
[1969年12月中旬之后的信函草稿。笔注"删节后寄出",附寄了海德格尔写给布洛赫曼的书信信札。]

亲爱的马丁:

你在我生日之际的修书问候以及慷慨馈赠,让我感受到你的友好!像你先前在你80岁生日之时,非常友善地回应所有对你的美好祝福那样,现在你成了祝愿者,我成了被祝福的人了,而且每个人的馈赠都是如此别出心裁。当年,老年的歌德就印制了可爱的小诗笺答谢友人!梅斯基希出的小册子①让我格外高兴,更为增色的是,这个小册子另外又增加了《田间小路》,这篇文章我曾一度找不到但是始终格外喜欢。

《钟塔的秘密》我先前还不了解,我现在发现它简直太美好了,不仅因为有美好惬意的回忆,而且因为被钟声萦绕的童年相较于其他,对于理解你的"思想之路"而言,更富于启发。我作为一个哲学外行,说的这些僭越的话,若有不妥之处,还望你包涵原谅。我觉得,你所钟情的这种新的事物,这种与计算着思维相对立的思维,只能是某种神秘地接近你青年时代的虔敬的事物(der Jugendfrömmigkeit geheimmisvoll Verwandtes)——当然是在更高的层次上。此外,当我阅读《面向思的事情》②的时候,有些不知所措,你的

---

① 参见第103封信的注释。在其中还有《钟塔的秘密》(1954年);现在收录于《海德格尔全集》第13卷:《出自思的经验》,美因河畔法兰克福,1983年,第113—116页。
② 参见第104封信的注释。

个别思路我跟不上。这对我简单的常识(commen sense)而言,简直太陌生了。亲爱的马丁,即使让你失望,我也必须把这些说出来。因为与此相关的还有我畏惧再次与你当面谈谈的心情,无论是在弗莱堡,还是在更让人倾心的托特瑙山。我的人生观成形于我在哥廷根的经历,受牛津时期的影响也比较大,并且更早还受到在魏玛时期的影响。而从根本上说是受限于我薄弱的精神能力。这与你哲学的认知方式相去甚远,以至于恐怕我们的共同话题仅存在于一个更有限但是更有价值的范围里。在你友善的书信里,你已经完全精当地把话题限制在这样的范围里了,为此我非常感谢。而了解到"友谊的态度"可以克服"思考"的距离,并比"思考"更加长久,我感到很欣慰。带着这样的信心,我斗胆托人把我不日即将最终出版的《诺尔传》①寄给你们(可惜的是没能附寄我私人问候,因为出版社已经将我的寄件包封收纳了)。希望你们能友善地收下我暮年的作品,尽管它有不少缺陷——这一点,我自己也一清二楚。(恐怕我自己在提到舍勒的地方犯错了。)正如你们所感受到的那样,这是爱的劳作(a labour of love)。

获悉爱尔福丽德给你们建了新的养老小舍,我觉得这好极了,简直令人嫉妒。希望你们能在新居里多过些平淡美好的岁月。由衷地感谢你对我暮年的祝福。希望我们在充实我们天赐晚年的努力中,借助我们友谊的虹桥,能够每每相逢。

问候你们二位
你们的伊丽莎白

---

① 参见第 12 封信的注释。

爱尔福丽德·海德格尔：关于马丁·海德格尔致伊丽莎白·布洛赫曼教授女士的信

伊丽莎白·布洛赫曼1892年出生于魏玛,她的父亲布洛赫曼博士是一名律师。我同她从小便相识并结下友谊。在第一次世界大战期间她在斯特拉斯堡读大学,这时我们也正新婚不久,这期间她经常到弗莱堡我们这里来拜访,后来我们搬到了托特瑙山,她也常到那里去。在这段时间里她也同马丁·海德格尔结下了很好的友谊。

为了进一步的学业、国家考试和攻读博士,她去了哥廷根,跟随赫尔曼·诺尔教授。后来应普鲁士文化部长卡尔·海因里希·贝克之召赴哈勒的一所新成立的教师培训"学院",以讲师和辅导员的身份做了杰出的工作。在这些年里她的一些文章零星地发表在诺尔办的杂志《文汇》①上。

因为她半个犹太人的身份,1933年②她很快就去了牛津大学,一些年来她与牛津大学一直有着密切的友好关系。布洛赫曼被牛津大学接纳了,在一所学院里担任讲师。1945年[实际上是1952年]她回到了德国,马丁·海德格尔为她能够在马堡大学担任教育学教授③做了很多事。在马堡大学她一直工作到20世纪50年代末期退休。后来在1969年她还出版了一本其中一小部分是由诺

---

① 这份布洛赫曼曾在上面发表过许多论文的杂志,直到1945年之后才正式出版。布洛赫曼早期的论文主要发表在《教育》和《国民学校》上。对此请参见《伊丽莎白·布洛赫曼传记》(迪特·森格林 Dieter Sengling),收于《教育学评论》(Pädagogische Rundschau),教育与课程月刊,第16期,1962年;《献给伊丽莎白·布洛赫曼的礼物——同事与学生1962年4月14日贺伊丽莎白·布洛赫曼70岁寿辰》,由卡尔-恩斯特·尼普科夫(Karl-Ernst Nipkow)和彼得·吕德(Peter Roeder)主编,第336页至第338页。

② 实际上是1934年初。

③ 关于"马堡大学对伊丽莎白·布洛赫曼的聘任",应该首先是由赫尔曼·诺尔及围绕着《文汇》杂志的圈子所推动的,对此莱昂哈特·弗吕泽在他评传文集《马堡学者》中作了交代,参见该书第42页。另参见第36封信注释。

尔的遗稿整理出的诺尔传记(哥廷根:范登霍克和鲁不赖希特出版社)。诺尔的《文汇》杂志也由布洛赫曼和伊丽莎白·海姆波尔博士以《新文汇》的名字继续发行了若干年。1972年,伊丽莎白·布洛赫曼逝世于拉恩河畔的马堡。

1977年1月11日

伊丽莎白·布洛赫曼年谱 1892—1972

1892 年 4 月 14 日	——	出生于阿波尔达(图林根)。父亲:海因里希·布洛赫曼,法学博士,母亲:安娜,原姓萨克斯
1899 年至 1908 年	——	魏玛:进入苏菲会大公爵女子学校
1908 年至 1911 年	——	进入魏玛高级女子中学神学班
1911 年	——	高级中学毕业考试
1912/13 年	——	在红十字会接受护士培训
1913 年至 1914 年	——	于威斯巴登参加神学班
1914 年	——	在威斯巴登参加教师资格考试
1914/15 年	——	以护士身份服务于魏玛军医院
1915 年至 1916 年	——	任职于苏菲会大公爵女子学校的战时代表处
1916/17 年冬季学期	——	在斯特拉斯堡大学做旁听生
1917 年夏季学期	——	就读于耶拿大学
1917/18 年冬季学期至 1918 年夏季学期	——	在斯特拉斯堡大学就读:历史(马丁·斯班,卡尔·施泰林,日耳曼语言文学(弗兰茨·舒尔茨),哲学(乔治·席美尔)
1918 年 9 月	——	在魏玛的大公爵高中参加希腊语和拉丁语的补充考试
1918(/19)年冬季学期	——	在马堡继续大学学业:中世纪史(卡尔·温克),哲学和教育学(保罗·那托普)
1919 年 1 月到 3 月	——	中间学期("战时特别学期")于耶拿
1919 年夏季学期	——	就读于马堡大学
从 1919/20 年冬季学期开始	——	在哥廷根继续大学学业:历史(卡尔·布兰迪,马克斯·雷曼),日耳曼语言文学(爱德华·施罗德),哲学和教育学(乔治·米施,赫尔曼·诺尔)
1922 年	——	参加高等教职国家考试(德语,历史,法语)
1923 年	——	发表《狂飙突进时期和浪漫派中的德意志人民诗赋运动》,刊登于《德国文学与精神史季刊》1923 年第一期,第 419 页。(由诺尔指导的国家考试论文)
1923 年	——	于哥廷根跟随卡尔·布兰迪攻读博士学位博士论文题目:《宣传册〈记着,你是一个条顿人〉——对批判大众传播和外交公文的贡献》,刊载于《文书研究档案》由 K·布兰

	迪和 H·布莱斯劳编辑。柏林,莱比锡,1923 年
1922 年至 1923 年	—— 于魏玛做候补工作
1923 年至 1926 年	—— 在塔勒的社会女子学校做讲师
1926 年至 1930 年	—— 在柏林的派斯塔罗西-弗吕波尔之家①做辅导教师,同时在德国红十字会的维尔纳学校从事教学活动,并任职于教育教学中心研究所
1928 年	—— 为《教育学手册》编写"幼儿园"这一条目。《教育学手册》,由赫尔曼·诺尔和路德维希·帕拉特编辑。兰根萨尔察,1928,第四卷,75 页
1928/29 年	—— 为《教育与幼儿园》杂志撰稿
1929 年	—— 为《德国概况专业词典》撰写"童年","游戏"词条
1930 年至 1933 年	—— 受聘为哈勒/萨勒教育学院教授
1928 年至 1933 年	—— 与赫尔曼·诺尔和艾里希·维尼格一起编辑了《教育学简论》,尤里乌斯·贝尔茨出版社。兰根萨尔察(1946 年后:魏因海姆)
1932/33 年	—— 为《教育》和《国民学校》杂志撰稿
1933 年 4 月 7 日	—— 纳粹《公职人员改革法》颁布,受此影响被解职并随后被哈勒教育学院解雇
1934 年 1 月	—— 流亡英国——"在英国的巨大命运转折"。在伦敦谋职无果。然后去了牛津。在玛格丽特夫人学院任德语辅导教师
1934 年至 1952 年	—— 在牛津大学玛格丽特夫人学院担任德语辅导员
1938 年	—— 在牛津大学获得文科硕士学位 接替海伦娜·戴内克(高级辅导员,玛格丽特夫人学院)
1941 年之后	—— 为德国战俘授课。参加流亡者联合会"德国

---

① 派斯塔罗西-弗吕波尔之家("Pestalozzi-Fröbel-Haus",缩写:PFH)于 1874 年 5 月 16 日成立于柏林,是一个致力于少年儿童教育、妇女教育等社会教育的公益机构。布洛赫曼曾任这一教育机构的教务长。——译注

	教育重建"（由卡尔·曼海姆和弗里茨·博林斯基发起成立）。从 1945 年起成为伦敦董事会理事
1946 年至 1960 年	—— 为由赫尔曼·诺尔创办并通奥托·弗雷德里希·鲍尔诺，W.弗里特纳和艾里希·维尼格共同主编的杂志《文汇》（Die Sammlung）持续撰稿
1945 年至 1951 年	—— 担任牛津大学讲师，几个考试委员会的成员
1950 年	—— 发表《席勒和感伤主义》，刊登于《德国文学和精神历史季刊》第 24 卷，1950 年，第 483 页
1951 年	—— 发表《席勒戏剧〈强盗〉中丧子的主题》，刊登于《德国文学和精神历史季刊》第 25 期，1951 年，第 474 页
1952 年	—— 接受了马堡大学新设立的教育学教授席位并返回德国（1 月 1 日起任教师任命委员会委员，10 月 22 日任副教授，11 月 25 日任正教授）任马堡大学教育学研究所主任。创立了劳动界的社会教育学
1952 年至 1964 年	—— 担任德国国民学术基金会成员
1954 年至 1961 年	—— 担任法兰克福的高等学校国际教育研究委员会成员
1958 年	—— 担任马堡业余大学顾问组成员
1959 年及之后	—— 创办、发行《马堡教育学研究》；发表《赫尔曼·诺尔〈教育者形象〉的教育学思想》，刊登于《献给赫尔曼·诺尔 80 岁寿辰.对人类教育的贡献.教育学学刊》，第一附册，1959 年，第一页
1960 年 3 月 31 日	—— 退休。受委托在 1960 年夏季学期和 1960/61 年冬季学期代理教育学教席
1961 年至 1968 年	—— 与海尔穆特·贝克、奥托·弗雷德里希·鲍尔诺、伊丽莎白·海姆波尔和马丁·瓦根施恩一起共同编辑杂志《新文汇》（Die neue Sammlung）（作为《文汇》的继续）
1961 年	—— 编辑《赫尔曼·诺尔，论艺术的意义》，哥廷根，1961 年

1961年至1965年	——继续为《新文汇》《教育学学刊》《二十世纪教育学》等撰稿
1962年4月14日	——70岁寿辰
	《献给伊丽莎白·布洛赫曼的礼物——同事与学生1962年4月14日贺伊丽莎白·布洛赫曼70岁寿辰》,作者卡尔-恩斯特·尼普科夫和彼得·吕德,刊登于《教育学评论》第16期,1962年,245页—335页
1965年	——编辑《赫尔曼·诺尔,社会教育学的任务和道路》,1965年
1966年	——《"闺房"与"博学":对女子学校起源的研究》,海德堡,1965年
1967年4月14日	——75岁寿辰
	《教育学分析与反思:伊丽莎白·布洛赫曼75岁寿辰纪念文集》由彼得-马丁·吕德、卡尔-恩斯特·尼普科夫、沃尔夫冈·克拉夫基和莱昂哈德特弗吕泽编辑.,韦因海姆和柏林,1967年
1967年	——《赫尔曼·诺尔在他时代里的教育运动。1879—1960》,哥廷根,1969年
1972年1月27日	——伊丽莎白·布洛赫曼逝世于马堡

相关文献:

1.莱昂哈特·弗吕泽:《伊丽莎白·布洛赫曼(1892—1972)——教育学女教授》,刊登于《在20世纪前半叶的马堡学者》,由英格博格·施纳克主编,马堡,1977,第42—47页
2.《马堡大学教师名录,第二卷:1911—1971》,英格·奥尔巴赫主编,马堡,1979年,第469页
传记包含了上面提到的70岁寿辰献文(1962)及75岁寿辰献文(1967)(附录)

编者后记

马丁·海德格尔同伊丽莎白·布洛赫曼之间的通信，是目前为止这位哲学家的遗著中被发表的范围最广泛的通信往来。从第一封信算起，一直到最后一封信，它几乎跨越了一个人的一生——至少半个世纪：从1918年到1969年这段时期里的历史变幻也以这种通信的形式被反映了出来。在第一封信被写下的时候，德意志帝国还没有随着第一次世界大战的失败而毁灭，到1969年1970年间，也就是布洛赫曼死前不久写下了这个通信往来的最后一封信，在这一段时间里，接下来的两个德国的国家图景，第一共和国和"第三帝国"都覆灭了，而后者更是以数以百万计的、有组织的对犹太人的屠杀而亵渎了德意志的名字；在这一段时间里，从"全面战争"的废墟中和两个决定着这颗星球的超级大国的冲突中两个对立的德意志国家被建立起来；同样是在这一段时间里，与这两人联系密切的领域，德国的大学和学校——尽管此时两个人都已经退休在家了——最终被所谓的"学生革命"的影响所震动。同样是这个"青年运动"，和从前的那个运动一样，也是在它的运动前景之中享受着喜悦，却用了一种不同的、相反的表现形式！

如果说以上是这个通信往来的环境的话，它内在的真实的形态和结构就是通过这些信件的来源情况来决定的，而在这些信件的来源方面首先就存在着一些限制。留存下来的信件里，特别是伊丽莎白·布洛赫曼的信件，存在着不同程度的空缺，这样一来，我们只能够重现特定时间段里的完整信件交往了。马丁·海德格尔的信主要来自布洛赫曼的收藏；她在遗嘱中决定将这些信件交由海德格尔档案室。这个档案室在这位哲学家生前就已经成立了，并且根据海德格尔的明确的意愿，它由内卡河畔马尔巴赫的德意志文学档案馆设立。在马丁·海德格尔死后，便由他的遗孀来操办这件事，她将她所能够找到的所有她丈夫和他们两人的共同朋友的信件都交给了马尔巴赫的海德格尔档案室。这份遗产的很大一部分，很遗憾地，已经无法再找到了，然而 1933、1934 年间的信件海德格尔却细心保存了下来。它们在这个信件往来中占据了非常重要的位置；因为它们记录了布洛赫曼一生中的最为震撼的一段时光——她因为有一半犹太血统而在她的家乡丢掉了职位，也不可能再找到其他工作，因此她不得不移民到英国。除此以外通信集还保存了伊丽莎白·布洛赫曼回到德国之后的在 1954 年和 1969 年之间的 26 封信件和明信片。它们一部分是被夹在了书中而被偶然发现的；因此，或许还有更多没有被发现的信件存在着。

即便是海德格尔所留存的最为丰富的书信——80 封信和（少量的）明信片——来自伊丽莎白·布洛赫曼的遗物，也存在一些空缺。这些空缺主要存在于早期，大学时代的学业压力，随后若干年里频繁更换住址，特别是被迫进行的移民，一定是这些空缺的原因。而在 1938 年到 1946 年间通信的中断，则是由于战争事件对他们之间不同的影响所导致的。

在这一版本的正文部分只会标注出那些比较大的通信空缺。它们主要存在于以上提到的战争年代前后，首先是在 1919 年夏天到 1926 年夏天这段时间；这部分的缺失是尤其令人惋惜的，因为正是这一段有重要意义的发展时期,也是两个人的友谊获得进一步的巩固的时期。从1926年秋天起——伊丽莎白·布洛赫曼第一次造访了马丁·海德格尔在托特瑙山的"木屋"而正式结识了他——一直到1938年,海德格尔的信件似乎保存得相当完好。因为这些信件是频繁地对布洛赫曼的来信所作的回信,我们也因此可以推断出布洛赫曼来信的数量和内容。一般情况下这种明显的提示却是无效的。

双方的通信保存得都不完整的阶段,是在第二次世界大战之后的若干年里。在这里一个更大的空缺首先存在于1951和1953年间;也就是在这几年里,伊丽莎白·布洛赫曼决定回到德国,并且于1952年在马堡大学接受了一个教育学教授职位的聘任。在接下来的十年里她全身心投入到紧张的工作之中,以将其在流亡期间积聚起来的精力在退休之前能够全部释放出来;而对海德格尔来讲,在这些年里则是一种不断增加着的"泰然任之"。此时的通信往来稍微频繁了,然而在一些大的间隔处,保存的信件中还是发现了一些空缺。比如在1962年和1964、1965年间。两人的通信往来,随着海德格尔1969年八十岁生日而步入人生旅途的最后一段,以"怀念"的话语而画上了句号。他比大约小他三岁的布洛赫曼(她在1972年去世)多走过了四年。

尽管存在着如上的空缺,它们首先给海德格尔的书信编撰工作造成了一些麻烦,但是这些书信自己也还是可以言说的。它们不需要解释;只有其中出现的大量名字,个人的或大学的不同状况所构成的交织和对一些地点不同方式的特指,需要在注释中加以解释。今天的人是难以理解这样的情形的:一个在当时已经卓有影响的女教育家失去自己的教职而被迫移民。这看起来是讽刺的，那时的相关法律规定自己说出了自己的无耻与不恭，而这些读者们在这些信件的注释中可以了解到。与她对这种新形势一开始的不理解相反，伊丽莎白·布洛赫曼为了能够留在德国而进行的徒劳的努力，使她的立场看起来完全是代表了当时无数承受苦难的同胞。

这些文献的再现，遵循了在"马尔巴赫文库"的排序中适用的规则；它们因此同由海德格尔所写的指导原则存在着一个明确的对比的，这些原则没有考虑到所有简写的展开和对没有确切标注的明显错误所做的更正。在我们这个版本里，一些必要的标注都在方括号中作出，而忽略了一些常见的缩写。

从两人之间通信的第一批书信被认定开始，我们就认识到，共同的生活经历、背景是两个人的友谊得以发展的动力，这个共同的经历，就是在本世纪头二十年里的各种形式的"青年运动"。在海德格尔第一封信中，在对后资本主义生活形式和学术行为方式的"非本真性"所做的尖锐批判里，所表现出的生活的激情和生存的自觉，在这里表现得很清楚。也正是青年运动（Jugendbewegte）和很早形成的社会责任感，使这两个大学同学，伊丽莎白·布洛赫曼和爱尔福丽德·佩特里走到了一起。1917年，还是大学生的爱尔福丽德·佩特里嫁给了弗莱堡的年轻编外讲师马丁·海德格尔之后，就全身心地投入到了弗莱堡的圈子中去了。尽管——这成为了他们之间保持如此长时间通信的原因——这个已经在斯特拉斯堡和马堡学习了几个学期的未来的女历史学家，在当时，1919年初，并没有决定搬往弗莱堡，她首先去了家乡魏玛附近的耶拿；然后，在重新回到马堡做了短暂的停留后，她又去了哥廷根，在那里她通过了国家考试，并跟随卡尔·布兰迪获得了博士学位。在哥廷根,与她的哲学家朋友在书信中"存在的坚决"的呼唤同时,布洛赫曼在另外一个领域,教育学,具体讲,社会教育学中遭遇着青年运动的激情。在这里,主要是她的老师,哥廷根的教育学家赫尔曼·诺尔的品格,为她提供了榜样和义务。诺尔和海德格尔,两人在不同的两极,而伊丽莎白·布洛赫曼就在这之间的微妙领域中寻找方向。也正是在这样的背景下一些东西也就很容易理解了,在这些书信中有许多正好显露出海德格尔个性的东西,使得这个通信拥有了特殊的吸引力。这是朋友之间的通信,如果有谁想要怀疑海德格尔对于友谊的能力的话,他们可以通过这些信件得到证实。

这对友人的这些信件既是他们写给对方的,也同时向人们展示了写信者本人。这些书信由两方面被充实起来。所以这些书信可以展示出布洛赫曼的个性;同时海德格尔的著作和影响也通过这些书信以一个崭新的、经常是一个独特的视角而更清晰地展示出来。读者可以跟随着这个哲学家在写作《存在与时间》时的发展;经历由《现象学与神学》——当时的题目还是《神学与现象学》——(然而十分令人惋惜的是,这样一份"重要的书信"布洛赫曼竟然没有收到!)演讲而引起的争论高潮;以一种不引人瞩目的方式感受30年代初政治争论的第一次失败;以不断增长的急切心情认清1933年海德格尔的校长理念和校长义务之间的分歧,和他对同一时期布洛赫曼的"艰难处境"所展示出的感同身受的惊愕。因此,在这些书信中出现海德格尔对其担任校长职务的"失败"的影射,也便不令人感到意外了。尤其引人瞩目的是海德格尔在1934、1935年间的书信中所传达出的从"公众"中完全隐退的愿望。正如在20年代里海德格尔对于"孤寂生活"的向往,将它视为一切思想和"本真的"生存的基本前提，这样的想法在1933、1934年间的喧嚣岁月里又进一步地表现出来。

同时，"后"海德格尔的思想道路也在其最后几年的一些信件中展现出来，并以一种简明的概述反映出来：《关于技术本质》(1947)，《关于荷尔德林》，《关于〈面向思的事情〉的思考》。只是偶尔的，与此时作为活跃的教席教授的布洛赫曼相反，在涉及大学的分配问题时，还会再次表达出激烈与尖锐的批评。

目前现存的海德格尔著作已经能够具有了很大的丰富性：关于他的生活我们已经了解很多——尽管不是全部——并且存在有多种多样的解说与误会。但是关于伊丽莎白·布洛赫曼只有知情者才了解，特别是她的学生，他们在布洛赫曼70岁、75岁生日时，在两份纪念文章中，表达了对这位登上德国教育学教席的第一位女教席教授的感谢与敬仰。因此对于读者们来讲这些信件也许是很有帮助的，在附录中对伊丽莎白·布洛赫曼一生的事迹（和重要的文献）进行了一个概览。关于一些具体细节或者更深入的联系，我们在注释中力图给出更为准确的根据。

关于一些情况的说明我要感谢那些为我们提出了宝贵建议的人。在这里首先要由衷地感谢的是海尔曼·海德格尔博士，他在对许多名字和时间的解释和破解上给了我很多的帮助，并且正是他的充分理解和支持，使得这份通信集可以按照"马尔巴赫文献"的框架出版。为保藏这些遗产做出了巨大贡献的德意志文学档案馆，以本书纪念1989年9月26日海德格尔诞辰一百周年。

关于伊丽莎白·布洛赫曼的情况，我要衷心感谢马堡大学专业的编年史学家，英格博格·施纳克女士；此外，我还要感谢乌韦·布兰德霍恩博士，马堡大学手稿——善本部的主任。最后我还要向克里斯蒂娜·温斯基女士致以特别的感谢,由她完成了对替代符号的誊清稿。

这份通信集的工作,使作为编者的我回想起自己的学术开端,1945到1947年间在哥廷根度过的战后学期。带着谢意与感动,我想念每一个在这些书信中多次被提到的学者,他们是编者首先接触到的从事于学术的老师:赫尔曼·海姆波尔,西格弗里德·A.凯勒,威尔海姆·卡姆拉和赫尔曼·诺尔。

约阿希姆·W.斯托克

译者后记

得到翻译本书的机会很偶然，而这一定要感谢张一兵先生，正是有他的信任与支持，方才有此书的问世。本书在翻译过程中得到了先生的关注，他对本书译稿进行了认真的审阅，并提出了许多宝贵的意见。

本书的另一位译者李逸超是我本科时期的同班同学，现于德国耶拿大学攻读哲学博士学位。

本书的翻译分工情况如下：

李乾坤翻译了第96封之前的所有海德格尔书信以及爱尔福丽德的说明、编者后记、布洛赫曼生平；李逸超翻译了全部布洛赫曼所写的书信，以及包括第96封信及之后的海德格尔书信；最后，南京大学哲学系硕士研究生周芝雨对译稿进行了认真、仔细的校阅。

作为我们的第一份译著，心中诚惶诚恐。译事维艰，还请学界前辈、同仁不吝多多批评指正，也恳请得到一份包容，这对于我们几位后学来讲，是莫大的恩惠。

译者　李乾坤
2014年2月于南京大学南园

图书在版编目(CIP)数据

海德格尔与布洛赫曼通信集/(德)约阿希姆·W.斯托克编;李乾坤,李逸超译. —南京:南京大学出版社,2017.1
(世界著名思想家通信集译丛/张一兵主编)
ISBN 978-7-305-16199-5

Ⅰ.①海⋯ Ⅱ.①约⋯②李⋯③李⋯ Ⅲ.①海德格尔,M.(1889～1976)-书信集②布洛赫曼,E.(1896～1972)-书信集 Ⅳ.①B516.54②B516.59

中国版本图书馆CIP数据核字(2015)第277462号

出版发行　南京大学出版社
社　　址　南京市汉口路22号　　邮　编　210093
出 版 人　金鑫荣
丛 书 名　世界著名思想家通信集译丛
书　　名　海德格尔与布洛赫曼通信集
编　　者　[德]约阿希姆·W.斯托克
译　　者　李乾坤　李逸超
校　　译　周芝雨
责任编辑　肖自强
照　　排　南京紫藤制版印务中心
印　　刷　江苏凤凰扬州鑫华印刷有限公司
开　　本　635×965　1/16　印张 16.75　字数 190千
版　　次　2017年1月第1版　2017年1月第1次印刷
ISBN 978-7-305-16199-5
定　　价　45.00元

网　　址:http://www.njupco.com
官方微博:http://weibo.com/njupco
官方微信:njupress
销售咨询热线:(025)83594756

* 版权所有,侵权必究
* 凡购买南大版图书,如有印装质量问题,请与所购
　图书销售部门联系调换

While every effort has been made to trace the owners of copyright material reproduced herein, the publishers world like to apologize for any omissions and will be pleased to incorporate missing acknowledgements in any further editions.